전심전력

全 心 全 力

빽 없이 버티고 뚝심으로 일군,
영업맨 강 상무의 30년 분투기

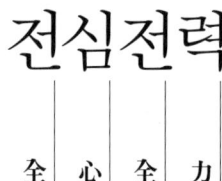

全 | 心 | 全 | 力

1판 1쇄 펴낸날 2025년 12월 24일
1판 3쇄 펴낸날 2026년 1월 6일

지은이 강경민

펴낸이 나성원
펴낸곳 나비의활주로

기획 이진아콘텐츠컬렉션
책임편집 박선주
디자인 BIG WAVE

전자우편 butterflyrun@naver.com
출판등록 제2010-000138호
상표등록 제40-1362154호
ISBN 979-11-93110-89-8 03320

※ 이 책은 저작권법에 따라 보호받는 저작물이므로 무단 전재와 무단 복제를 금지하며,
   이 책의 내용을 전부 또는 일부를 이용하려면 반드시 저작권자와 도서출판 나비의활주로의
   서면 동의를 받아야 합니다.
※ 책값은 뒤표지에 있습니다.
※ 잘못된 책은 구입하신 곳에서 바꾸어드립니다.

빽 없이 버티고 뚝심으로 일군,
영업맨 강 상무의 30년 분투기

전심전력

全 心 全 力

강경민 지음

나비의 활주로

추천사

영업맨들에게 지혜의 주머니를 선물하다! 학습역량이 조직의 지속가능성을 담보하는 시대에 직원을 육성하는 일은 임원의 주요한 사명 중 하나다. 저자는 이러한 맥락에서 누군가 시간을 건너뛰어 기억해주기를 바라는 마음으로 글을 썼다. 이 책은 저자의 학습을 통한 자기성찰 노력과 후배들에게 도움을 주고자 하는 선의의 결과물이다. 영업 실무의 기술적인 측면과 이론들을 매개하고 간극을 메워줄 수 있는 텍스트가 부족한 현실에서 희소가치가 있는 책이다. 저자가 실제 영업 현장에서 치열하게 고민해 왔던 문제들을 고전의 가르침을 원용해서 제시한 솔루션들은 영업맨들에게 좋은 매뉴얼이 될 거라 믿는다.

- **이형기** 누리플랜 대표이사

《전심전력全心全力》은 단순한 자기계발서가 아니다. 그렇다고 성공한 사람의 자화자찬도 아니다. '대기업 김부장' 같은 직장인의 짠내 나는 이야기이고, 장성한 자식들에게 조심스레 건네는 아버지의 이야기다. 그래서 이 책에는 스토리가 있다. 30년 영업쟁이 강상무의 좌충우돌 삶이 담겨있다. 그가 영업현장을 누비면서 누구나 겪었을 법한 이야기를 고사성어와 버무려 맛깔나게 내놓았다. '추상秋霜', '동구冬裘', '춘풍春風', '하로夏爐', '항산恒産' 사계절로 주제를 묶어낸 것도 재밌고 그 뒤에 항상 지녀야 할 덕목에 대해 덧붙인 것도 그렇다. 주제별로 십여 개의 고사성어의 유래와 저자의 독특한 생각을 풀어낸 것이 백미다. 그래서 이 책은 문제를 풀 비법이 아니라 넌지시 건네는 오답 노트이고, "하면 된다"를 외치며 요란하게 격려하는 것이 아니라 주저앉지 말라고 토닥여 주는 위로다.

- '브랜드를 만드는 여자' **노희영** 고문

고전에서 길어 올린 삶의 지혜! 강경민 상무는 딜런가다. 그냥 말재주가 아니라 해박한 고전의 지혜를 술술 버무려 풍성한 만찬을 차려내는 미슐랭 요리사를 만난 느낌이다. 술안주로도 좋고, 삶의 한 끼 식사로도 포만감을 느끼게 한다. 《전심전력全心全力》은 영업하는 사람들만을 위한 지침서나 가르침이라기보다 우리가 살아가는 데 필요한 삶의 지혜와 통찰을 담은 교양서다. 문해력이 필요한 시대를 사는 우리에게 경험에서 우러난 갈팡질팡 실수를 담담히 고백하면서, 자신을 되돌아보고 다시 한 발 내디딜 수 있는 지혜를 선사한다. 영업맨 강상무의 이야기 속으로 빠져들다 보면, 내 마음의 키가 한 뼘쯤 자라났음을 실감한다. 이 시대를 살아가는 사람들 모두의 고군분투와 번영을 이 책을 통해 길어 올리길 진심으로 기원한다.

- SK해운 CEO **김성익**

《전심전력全心全力》을 읽고 나니 도종환 시인의 시 〈흔들리며 피는 꽃〉이 떠올랐다.

"흔들리지 않고 피는 꽃이 어디 있으랴

  그 어떤 아름다운 꽃들도

  다 흔들리며 피었나니"

저자의 글 한 편 한 편은 살아있는 에세이다. 흔들리며 살아온 그의 진솔한 이야기에 군더더기는 없다. '통찰(洞察)'은 세월이 지남에 따라 저절로 주어지는 것이 아니라, 숱한 좌절과 경험에서 어렴풋이 새싹처럼 돋아나 삶을 관통하는 나무로 성장하게 만드는 성장통이기도 하다.

이 책 속에서 저자가 얻게 된 통찰들을 독자 제현이 스펀지처럼 받아들이길 바란다.

사족 하나. 한 달에 한 권의 책 읽기만으로도 사유의 세계가 넓어지게 된다는 것을, 몸으로 일깨워 준 《전심전력全心全力》의 강상무를 통해 독서 부흥의 한 시대가 열리길 소망한다. 너도나도 우리 모두 할 수 있다는 자신감의 시작을 한 권의 책으로부터!

- 건축가 **문봉호**

이 책은 진짜다! 정보의 홍수 시대에 쏟아지는 많은 책 중에 '이 책은 진짜다'라는 생각이 들었습니다. 이 책은 단지 영업을 업으로 삼는 이들에게만 건네는 조언이 아닙니다. 세대를 먼저 살아본 선배의 인생철학이자 고사성어를 통해 선현들의 지혜를 진심을 다해 전달하고 있습니다. 30년간 책을 읽고 글을 썼던 저자의 꾸준한 습관으로 채워진 풍부한 식견이 페이지마다 고스란히 녹아있고, 자칫 어려울 수도 있는 이야기들을 편안하게 술술 읽히게 쓴 글재주가 남다릅니다. 일차적으로 마케팅을 배우는 경영학과 학생들에게 필독을 권하고 싶고, 두 번째로 직장 생활을 하면서 고객이나 거래처를 대면하는 세일즈맨들에게 필독을 권하며, 마지막으로 내가 사랑하는 모든 이에게 무거운 삶을 대하는 자세나 방법을 한 번쯤 숙고해보는 기회로서 이 책을 선물하고 싶습니다.

- 수원대 경영학과 교수 **김선하**

영업맨 강상무는 기자가 됐더라면 어땠을까? 강경민은 《전심전력全心全力》에서 "누군가에게 물음의 대상이 된다는 것은 실력이라는 이름의 외공外功과 공정한 태도 등 내공內功을 겸비할 때 가능한 경지"라고 썼습니다. 반대로 묻는 일이 직업인 기자가 됐더라면 어땠을까 그려봅니다. 끊임없이 읽고 토론을 즐기는 그는 기자로서도 뛰어난 역량을 보였을 것입니다. 강경민은 "왜 충분히 부자이면서도 더 가지려고만 할까, 부끄러움을 모르는 사람은 얼마나 더 추해질까"라는 '기자적 의문'을 품고 있습니다. '노어해시魯魚亥豕'에서 "내가 본 게 맞다."는 단정적 주장을 경계하고 "인간은 자신도 속인다."는 통찰을 인정합니다. 진실을 추구하는 치열한 자기 검열의 태도입니다. '선입지어위주先入之語爲主'를 통해서는 자신의 해석만을 고수하는 '고정관념'의 위험성을 경고합니다. 책 곳곳에 나를 돌아보는 문장들이 풍성합니다. 강경민은 고전 속 한자 성어를 현대 언어로 되살렸습니다. 직장인뿐 아니라 삶을 성찰하고 인간

관계의 지혜를 찾기 원하는 모든 이에게 추천합니다.

- 전 경향신문 편집국장 **안호기**

'영업'이라는 단어의 사전적 정의는 '영리를 목적으로 하는 일련의 행위'다. 좀 각박하게 들릴 수도 있겠다. 순수하기보다는 이해관계가 결부된 행위라는 의미가 내재해 있기 때문이다. 그렇지만 성인이 된 이후 맺게 되는 많은 관계에서 이해관계가 결부되지 않는 경우가 오히려 드물다. 꼭 금전적 이슈가 아닐지라도 한편의 잇속만 차리는 관계가 문제다. 영업도 결국 사람 사이의 일인지라 지속 가능한 관계를 맺기 위해서는 상생해야 한다. 이 책은 영업의 최전선에서 30여 년간 분투해 온 강상무의 관계 맺기에 대한 기록임과 동시에 타자에 대해 응당 가져야 할 예의에 대한 이야기이기도 하다. 다양한 사람을 만나며 단련된 저자의 통찰은 훌륭하고, 사자성어로 솜씨 있게 풀어내는 스토리를 읽는 재미는 덤이다.

- 신영증권 리서치 센터장 **김학균**

내가 저자를 처음 만난 것은 십수 년 전, H사의 신임 홍보팀장과 출입기자로서였다. 내가 아는 그는 열정적인 직업인이자 맡은 일에 최선을 다하는 직장인이었고, 책을 가까이하는 이답게 다방면에 박식했다. 그는 또 달변이다. 말은 늘 유려하고 명확했으며, 강한 설득력까지 갖추고 있었다. 그가 글을 썼다고 했을 때 어떤 내용일지 궁금했다. 그리고 '사자성어'가 주제라는 말을 듣는 순간, 나는 자연스럽게 고개를 끄덕였다.

사자성어를 다룬 책은 많지만, 이 책이 특별한 이유는 저자의 경험에서 우러난 배움과 삶에 대한 통찰이 자연스럽게 스며 있기 때문이다. 저자가 삶을 바라보는 겸손한 태도와 따뜻한 시선 역시 문장 곳곳에 녹아 있다. 살다 보면 지친 일상에서 삶의 나침반, 혹은 등대가 되어주는 글들이 필요할 때가 있다. 건설회사 영업맨으로 시작해 임원에 오르기까지 오랜 시간 쌓아온 경험을 통해 얻은 성찰과 조언을 듣고 싶다면 이 책이 해답이 될 것이다.

- 연합뉴스 **서미숙** 기자

"영업은 기술이 아니라 사람이고 사람을 대하는 태도는 하루아침에 만들어지지 않는다."

저와 저자와의 인연은 어느덧 20년이 흘렀습니다. 30년 가까이 동종업계에서 참 많은 사람을 만나왔지만 저자는 원칙과 진심을 무기로 정비업계를 지켜온 드문 실무형 영업맨이었습니다. 《전심전력全心全力》을 읽으면서 저는 자연스레 그 시절 함께 겪었던 수많은 장면, 서로 회사는 달랐지만 같은 전쟁터에서 뛰던 순간들이 떠올랐습니다. 돌이켜보면 우리를 지탱한 것은 회사가 아니라 그 치열한 현장에서 함께 지켜냈던 몇 명의 진짜 영업맨이었습니다. 저는 그중 한 사람으로 저자를 떠올립니다. 요령이나 기술이 아니라 실패, 창피함, 부끄러움, 후회 그리고 다시 일어서는 이야기들, 그 모든 과정을 숨김없이 담아낸 이 책은 영업맨들에게 살아있는 교과서가 될 것입니다. 30년 동안 도시정비의 가장 험한 길을 묵묵히 걸어온 저자가 자신의 오답노트를 꺼내 후배들에게 건네는 이 책을 저는 같은 업계 동료로서 진심으로 응원합니다.

- GS건설 도시정비부문장 **이상의** 상무

프롤로그

'영업, AI 시대에도 살아남지 않을까?'

이세돌이 알파고에게 무참하게 깨지던 2016년 3월. 우리 대부분은 처음으로 AI의 무서움을 깨닫기 시작했습니다. 하지만 그때만 해도 AI와 같은 기술이 인간을 초월하는 순간은 제 삶이 끝나기 전까지는 설마 오지는 않겠지 싶었습니다.

그로부터 2년 전인 2014년부터 저는 사내게시판에 [개구쟁이]라는 코너로 글을 올리기 시작했습니다. 작년까지 만 10년. 매주 두어 편씩 일 년에 약 100개 정도 글을 쓰다 보니 1,000번째 '항룡유회亢龍有悔'를 마지막으로 더는 글을 쓸 수 없었습니다. 글의 소재가 사라진 것이 아니라 지금까지의 글을 매듭짓지 않으면 영원히 마무리할 수 없을 것 같아서였습니다. 대신 대나무의 마디처럼 지난 10년을 돌아보기로 했습니다. '십 년이면 강산도 변한다.'더니 지난 10년 정말 많이 변했습니다. 그것도 상상을 초월할 정도로. 빛의 속도로 커버린 아이들이 그랬고, 최고참이 되어버린 직장 내에서 제 처지도 그랬지만 더욱 충격적인 것은 직업에 대한 제 생각의 변화였습니다.

마침내 특이점이 시작되다

미래학자인 레이 커즈와일의 말처럼 2030년이 되기 전에 AI가 인간의 모든 영역을 초월하는 시간이 온다는 예언이 실현될지도 모른다는 생각을 하게 된 것도 그 시간입니다. 아프지만 인간만이 할 수 있는 일은 더 이상 없을 것이라는 사실을 받아들이게 됐습니다. 그래서 고민이 깊어졌습니다. 이제 곧 사회생활을 시작해야 하는 제 아이들에게 어떤 직업을 선택하라고 할지. 그리고 저는 또 어떤 인생 2막을 살아야 할지 고민이 깊어지면서 제가 살아왔던 삶부터 정리해보자 마음먹었습니다. 가보지 않은 길이지만 어딘가에 길이 있을 거라는 희망으로.

저 역시 영업이 뭔지 모르고 시작했습니다

저는 30년에 가까운 직장생활 대부분을 '영업쟁이'로 살았습니다. 처음부터 소신으로 영업을 지원한 것은 아니었습니다. 먼저 취업한 선배들이 '영업'을 지원하면 합격 확률이 높다는 소리에 혹해서 지원했고 선배의 예언(?)대로 저는 몇 군데1 회사에 합격했습니다. 예나 지금이나 '기획'과 같은 분야에 비해 '영업'은 덜 선호되는 분야입니다. 팀장 시절부터 신입사원 채용 면접에 면접관으로 참여하면서부터 지원자에게 꼭 물어보는 질문이 있습니다. '왜 영업에 지원했나?' 지원자들은 '학교에서 배운 마케팅기법을 활용해 회사에 기여하겠다'는 학구파(?)부터 '뭐든지 시켜만 주시면 다 하겠다'는 막가파(?)까지 다양하지만 제가 듣고 싶은 답을 하는 지원자를 아직 보지 못했습니다. 저도 몰랐던 답을 이제 막 사회생활을 시작하는 젊은 친구들이 어찌 알겠나 하며 체념하면서도 혹시나 하는 마음에 지금까지 질문합니다.

10년, 20년, 30년. 시간이 지날수록 영업은
단순한 밥벌이 수단이 아니었습니다

대학생인 제 아이들은 아버지처럼 영업하며 살지는 않겠노라고 합니다. 왜 그렇게 생각하느냐고 물어보면 너무 힘들어 보인다는 게 이유였습니다. 세상에 안 힘든 일이 어딨으며 지겹지 않은 밥벌이가 어디 있냐며 항변해 보지만 아이들은 고개를 저으며 제 대답을 부정합니다. 물론 이덕화 씨나 이경규 씨처럼 좋아하는 낚시를 하면서 돈을 버는 사람도 있지 않냐는 대답에 그런 사람은 거의 없고 변호사인 내 친구마저 '영업해야 하는 걸 알았다면 사법시험을 보지 않았을 것'이라며 푸념하더라

---

1 IMF 이전이라 지금과는 비교할 수 없을 만큼 대졸자에게는 취업이 쉬웠던 시절이었음.

는 이야기를 해도 제 아이들은 시큰둥합니다. 이렇게 영업은 어느 곳에나 필요하지만 어째서 제대로 된 대우를 못 받는가 하는 생각에 의기소침해지곤 했습니다. 제 아이들에게마저 인정받지 못할 만큼 한심한 직업인가 하는 회의가 들 때 영업의 진가를 제대로 알려야겠다는 생각을 갖기 시작했습니다.

밥벌이 수단으로 영업을 시작했지만, 오히려 영업은 제게 어른이 되는 길을 보여줬습니다. 10년, 20년, 30년 묵묵히 걷다가 뒤돌아보니 삐뚤빼뚤한 제 삶이었지만 영업은 세상을 넓게 보는 안목을 길러줬고 사람과 어울려 사는 배려심을 깨닫게 해줬으며, 그 시간 동안 사람이 얼마나 따뜻해질 수도 차가워질 수도 있는 존재인지를 알게 되었습니다. 더구나 기획과 같은 업무는 AI를 잘 다룬다면 극소수의 사람에게만 허락된 분야가 될 것이며 더 이상 많은 인원이 필요치 않은 분야로 바뀌겠지만 사람을 만나고 설득하는 영역은 오랫동안 인간이 해야 하는 일로 남을 것이라는 믿음이 점점 강해졌습니다. 그렇다면 제대로 된 영업, 높은 안목과 배려심 그리고 인간미 넘치는 존재인 '영업쟁이'로 사는 것이 훨씬 합리적인 선택이 아닐까 생각하기 시작했습니다.

영업은 제게 항상 변화하라고 가르쳤습니다

저는 '어른'이라는 단어를 무척 좋아합니다. 이 시대에 진정한 '어른'의 존재가 보이지 않기 때문이기도 하고, 멀게는 석가모니, 공자, 예수와 같은 성인에서부터 가깝게는 제 선친에게서 '어른'의 모습을 보았기 때문이기도 합니다. 더불어 내 삶의 마지막에 저 역시 '어른'이었다는 평을 듣고 싶다는 꿈을 갖고 있기 때문입니다. 하지만 어른이라는 평은 나이를 먹는다고 저절로 얻어지는 게 아닙니다. 책만 읽는다고 터득할 수 있는 것도 아니고 정직함과 공정함 그리고 예의 바른 태도 등 갖춰야 할 덕목이 다른 이의 눈에도 보여야 얻을 수 있는 존칭입니다.

도시 정비라는 특수한 분야에서 영업을 해보니, 대한민국 최고 부유층에서부터 도시 빈민들까지 정말 다양한 인간 군상을 대할 기회가 있었습니다. 부자이지만 천박한 이도 마주했고 가난하지만 대쪽 같은 분들도 만났습니다. 영업쟁이가 아니었으면 불가능했던 만남이었습니다. 왜 충분히 부자이면서도 더 가지려고만 할까? 양보하고 나누는 것을 왜 패배로 인식할까? 사람이 부끄러움을 모르면 얼마나 더 추해질까? 왜 현실을 피하려고만 하지 당당히 맞서지 않을까? 가난은 불편한 것일 뿐이라며 공정하지 못한 일은 할 수 없다는 배짱은 도대체 어디서 나올까? 등등 많은 질문이 쏟아졌고 스스로 답할 수 없을 때마다 주변에 조언을 구했습니다. 하지만 속 시원한 답을 해주는 이는 거의 만나지 못했습니다. 직급이 높아지고 책임감이 커지면서 갈증이 커져만 갔고 더불어 과연 이런 갈증은 나만 느끼는 것일까 하는 궁금증도 함께 커졌습니다.

"안 물어도 말하면 꼰대, 물어야 말하면 어른"이라는 말처럼 누군가에게 물음의 대상이 된다는 것은 실력이라는 이름의 외공外功과 공감 그리고 감정에 치우치지 않는 공정한 태도 등 내공內功을 겸비할 때 가능한 경지입니다. 하지만 자식에게도 질문의 대상이 되지 못한다면 어른이 되기는 아예 글러 먹었다는 생각이 들 무렵 본격적으로 책을 집어 들었습니다. 그리고 어른 흉내 내기에는 고전古典만 한 게 없다는 생각에 공자 등 제자백가의 책을 주로 읽었습니다. 읽으면 읽을수록 아는 것보다 모르는 것이 더 많아지면서 어떻게 수천 년 전 사람들이 이런 생각을 했을까 하는 존경심이 커졌습니다. 좋은 음식을 먹을 때마다 가족과 나눠 먹고 싶은 생각이 들듯 책을 읽고 글을 쓰면서 고객을 알고 싶어 시작했던 것이 모든 사람과 우리가 살아가는 혹은 살아가야 할 세상에 대한 답을 찾게 했습니다. 영업에 필요해서 시작한 공부가 저를 계속 변화시켰고 앞으로도 변하게 할 것입니다.

영업쟁이로 살아온 세월이
천만다행이다 싶은 요즘입니다

"팔면 그만"이라고 말하는 '장사치' 같은 영업쟁이들이 있었습니다. 절대 오래 가지 않았습니다. "영업은 말빨"이라며 화려한 말솜씨만을 갖추려는 영업쟁이도 있었습니다. 하지만 핸드폰이면 무엇이든 바로 확인되는 세상에서 구라는 더 이상 설 자리가 없었습니다. "영업은 막장"이라고 비하하는 이도 있었습니다. 지금은 그들도 압니다. 영업은 끝이 아니라 시작이라는 것을.

제가 늘 후배들에게 하는 말이 있습니다. "기술은 처음에 배우기 어려워도 익숙해지면 쉬워지지만, 영업은 처음은 쉽지만 가면 갈수록 어려운 것"이라고. 영업은 사람답게 살아가는 기술을 배우는 분야입니다. 우리가 녹색 불에 횡단보도를 건너듯 영업은 사람과의 약속을 가르칩니다. 거짓말이나 과장해서 거래하면 결국은 들통납니다. 그래서 영업은 정직하라 가르칩니다. 손님의 행색을 보고 쉽게 판단했다가 곤욕을 치르고 나서야 누구에게나 섣부른 판단을 해서는 안 된다는 사실을 알게 됩니다. 영업이 가르치는 신중함이고 공정함입니다. 나만 편하면 된다는 생각으로 입은 옷에, 고객이 불편하게 느낄 때 상대방의 입장도 고려해야 함을 알게 됩니다. 영업이 가르치는 배려의 중요성입니다. 그 외에도 다양하게, 사람답게 사는 법을 영업에서 재확인하고 익히며 제 삶을 꾸준히 업그레이드하고 있습니다. 영업쟁이로 살지 않았다면 지금과 같은 깨달음은 얻지 못했을 것입니다.

제게 다시 직업을 선택하라면
주저 없이 영업을 선택합니다

영업만큼 다양한 사람을 만나고 삶을 배우는 직업은 없습니다. 낮은 진입장벽 때문에 푸대접(?)받고 있지만 진가는 차츰 알게 됩니다. 경제학을 전공한 저는 주변에 은행 등 금융권에 몸담은 친구들이 많습니다. 그들이 퇴직 후 치킨집을 창업할까 하는 자조 섞인 푸념을 늘어놓을 때마다 영업쟁이로 살아온 세월이 뿌듯해집니다. 영업쟁이만큼 다양한 옵션이 가능한, 선택의 폭이 넓은 사람을 찾기 어렵기 때문입니다. 교수로서 65세라는 정년을 보장받는 친구보다 제 활동 기간이 길지 않을까 생각합니다. 단순히 밥벌이 수단으로 직장생활을 더 오래 하겠다는 것이 아닙니다. 가장家長으로서 의무가 거의 끝나는 무렵 본격적으로 제가 좋아하는 것을 제가 가장 잘하는 방식으로 풀어나가겠다는 말입니다. 영업쟁이로 살면서 만나는 수많은 사람을 겪으면서 많은 것을 제게 비춰볼 수 있었습니다. 인품이 뛰어난 고객에게서는 따라 하고픈 욕망을 느꼈고, 형편없는 인간을 보면서 저렇게 살지는 말자며 반면교사 삼았습니다.

영업은 홀대받아도 되는 분야가 아니라
선택받아야 하는 일입니다

　이 책은 제 오답노트입니다. 제 경험으로 여러분이 실패를 덜 겪게 하는 게 이 글의 목적입니다. 사내 게시판에 올렸던 1,000편의 글 중에서 지엽적인 주제는 제외하고 변화를 보는 눈, 변화에 적응하는 유연함을 갖추면 좋겠다는 것을 주제로, 고르고 다듬었습니다. 처음 글을 쓸 때는 긴가민가했던 생각이 글을 정리하면 할수록 또렷해졌습니다. 영업은 결코 홀대받을 직업도 아니며 영업만큼 다이내믹하면서도 다양한 경험을 할 수 있는 직업도 없으니 AI 시대에도 오히려 각광받을 분야가 아닐까 생각합니다.

　류시화의 시 〈지금 알고 있던 걸 그때도 알았더라면〉처럼 후회 가득한 삶을 살았습니다. 실수를 거듭하고 나서야 깨우쳤으니 천재의 반열은 절대 아닙니다. 다만 실수로 많이 아팠지만 주변의 도움 덕에 이겨낼 수 있었으니 행운이었음은 부인할 수 없습니다. 제가 얻었던 행운을 여러분께 돌려드리려 합니다. 제가 글을 쓰는 이유입니다. 다만 저처럼 살아가라 아니라 저처럼 살면 안 된다는 얘기를 더 하고 싶습니다. 제 책 속에는 답이 없습니다. 다만 답을 찾기 위해 노력했으나 실패했던, 다시 한다면 이렇게 해보고 싶다는 글이 있을 뿐입니다.

아주 잠깐 고시 공부를 한 적이 있습니다. 신림동 고시촌에서 전설의 강사라 불리던 분들은 대부분 시험에 실패한 사람이었습니다. 그때 누군가를 따라 해서 성공한 사람보다 저렇게 살면 안 되겠구나 하며 반면교사를 삼았기 때문에 실수도 줄이고 성공도 얻는 경우가 더 많지 않을까 하는 생각을 처음 했습니다. 곧 고시를 포기하고 취직을 선택했지만 30년이 지나서야 비로소 제 오답노트를 적어봅니다. 희망보다 절망을 더 많이 얘기하는 세상에서 덜 넘어지고 오래 살아남을 방법을 같이 고민하고 싶습니다. 제 글이 영업을 선택하기를 망설이는 사회 초년생, 먹고 사는 문제로 영업을 하고 있지만 늘 영업에 회의를 느끼는 후배들, 그리고 늦었지만 제2의 삶을 영업하면서 사는 이에게 그런 희망을 품는 계기가 됐으면 좋겠습니다. 제 삶처럼 우당탕 넘어지고 깨지면서 용케 지금껏 버틴 삶도 나쁘지는 않지만 그래도 덜 넘어지고 살아갈 수 있다면 더 나은 방법이 아닐까요? 빠르게 변하는 세상을 두려워만 하지 말고 변화에 적응하고 활용하는 방법을 배워야 한다면 옛사람들의 경험을 찬찬히 음미하면서 생각을 가다듬는 방법이 가장 현실적인 대안이 아닐까 합니다. 부디 저처럼 시행착오를 겪지 않고서 변화된 세상을 살아갈 힘을 얻기를 소망합니다.

좌충우돌하며 참 다이내믹한 영업쟁이로 살아왔기에 그릴 수 있는 미래는 현재 진행형이며 전혀 우울하지 않습니다. AI로 대변되는 기술을 거부할 수 없다면 그것과의 공존을 모색하는 미래도 가능하지 않을까 생각합니다. 아무도 살아보지 못한 시대가 도래하더라도 인류는 계속 살아가는 방법을 찾아낼 테니까요. 제 글이 여러분이 미래를 그리는 일에 조금이나마 용기를 내도록 조그만 보탬이 되기를 희망합니다.

마지막으로 이 글은 작고하신 아버지와의 약속입니다. (자세한 내용은 에필로그에 담았습니다.) 그리고 지금 이 순간에도 막내아들을 위해 기도하고 계실 어머니와 책이 나오도록 응원해준 아내와 두 아이에게 고마움을 전합니다. 그리고 미처 언급하지 못했지만 도움을 주신 많은 분이 계셨기에 가능한 것이었음도 함께 밝힙니다.

목차

추천사   4
프롤로그   12

1부   추상(秋霜)
나를 대할 때는 가을 서릿발처럼

유각양춘有脚陽春_다리가 달린 따뜻한 봄   32
탁월한 능력을 완성하는 것은 겸손이다

이구복방利口覆邦_말재주 부리는 입으로 나라를 뒤엎다   34
누군가에게 어리석어 보일지라도

재소자처在所自處_자기가 어디에 처했는지에 달려있다   36
세상은 도전하는 자에게만 기회를 허락한다

삼도지몽三刀之夢_세 자루 칼의 꿈   38
I didn't fail the test, I just found 100 ways to do it wrong
꿈꾸는 어른
꿈, Dream

중호지 필찰언衆好之 必察焉_여러 사람이 좋아하더라도 반드시 자신이 살펴라   42
백 번 보는 것보다 한 번 겪는 게 더 낫다

용자불구勇者不懼_용기있는 사람은 두려워하지 않는다   44
칼을 뽑을 때만 용기가 필요한 것이 아니다

색난色難_낯빛을 잘하는 것이 어렵다   46
"인상이 참 좋다."라는 평을 듣고 싶다면

서기서인恕己恕人_나를 용서하듯 남을 용서하다   48
강한 사람은 복수한다. 그러나 더 강한 사람은 용서한다

불오 불은 불고不傲 不隱 不瞽_나대지도, 숨기지도, 눈멀지도 않아야 한다   50
술자리에서는 술값도, 대화도 1/N이어야

갈구마광刮垢磨光_때를 벗기고 빛이 나게 닦는다   52
꾸준함을 이기는 탁월함은 없습니다

궁차익견窮且益堅_가난할수록 더욱 굳세어진다   54
Maximizer vs Satisficer

시력자망侍力者亡**_힘에 기대는 자는 망한다**   56
다모클레스의 검 Sword of Damocles

고추부서孤雛腐鼠**_외로운 병아리와 썩은 쥐**   58
Quit while you're ahead!

작사도변作舍道邊**_길가에 집짓기**   60
합리적 결정이 아니라 자신의 결정이 합리적인 것이 되도록
나만의 집 짓기
집을 부르는 다양한 이름

의인절부疑人竊鈇**_남이 도끼를 훔쳐 갔다고 의심하다**   64
아무리 합리적 추론이라도 의심은 신중해야

발규거직拔葵去織**_아욱을 뽑고 베틀을 버리다**   66
인생은 한 번으로 승부를 보는 마라톤이 아니다

부기미附驥尾**_천리마 꼬리에 붙다**   68
천리마 꼬리에 붙는 행운을 얻으려면

거기부정擧棋不定**_바둑돌을 들고도 포석**布石**할 자리를 못 정하다**   70
요행이나 바라는 하수下手로 취급받고 싶지 않다면
영업도, 인생도 시작은 자신을 돌아보는 것에서부터

2부 동구(冬裘)
겨울 가죽옷처럼 격에 맞는 것은 갖춰야

교지졸속巧遲拙速**_교묘하지만 우물쭈물하고 어설프지만 빠르다**   82
The way to get started is to quit talking and begin doing

빙산난고氷山難靠**_빙산은 (녹아버리니) 오래 기대기 어렵다**   84
유혹에 흔들리고 있다면

삼함기구三緘其口**_입을 세 번 꿰매다**   86
침묵은 머리로 배울 수 있는 것이 아닙니다

당단부단 반수기란當斷不斷 反受其亂**_잘라야 할 때 자르지 못해 도리어 위험에 빠지다**   88
결단은 핑계를 끊어내는 능력입니다.

원두활수源頭活水**_발원지에서 쉬지 않고 물이 흐르다**   90
알고리즘이라는 오염된 필터를 바꿔야

심원의마心猿意馬_마음은 원숭이 같고 생각은 말과 같다 92
의지력이 부족하다고 느끼신다면 체력부터 확인하시길
동물 관상觀相
마음이 시달려서 괴로운 마음

반근착절盤根錯節_얽히고설킨 뿌리와 마디 96
순간의 선택이 평생을 좌우합니다

임사이구臨事而懼_일을 앞두고는 두려운 마음이 있어야 한다 98
놓쳤을지도 모를 1%의 실패 가능성은 뭘까?

전패필어시顚沛必於是_넘어지는 순간에도 반드시 지켜야 한다 100
하늘도, 땅도, 나도, 너도 아니 세상에 비밀은 없다

대간사충大姦似忠_아주 간사한 사람은 충신과 흡사하다 102
쉰이 넘었어도 한 길 사람 속은 여전히 모르겠더라

파옹구아破甕求兒_독을 깨 아이를 구하다 104
No prejudice, no routine, no limit, no arrogance
천재天才, 영재英才, 수재秀才 106
하늘이 준 재능

담언미중談言微中_말에 요점을 감추고 있다 108
비판하고 요구하되 적대하지 않는다

하한호추성何恨乎秋聲_어찌 가을 소리를 원망할 수 있겠는가? 110
김홍도가 〈추성부도秋聲賦圖〉에 담으려던 것은

이우위직以迂爲直_돌아가는 듯하여 바로 가라 112
先勝求戰, 진정한 속도는 조급함이 아닌 지혜다

구방심求放心_놓아버린 마음을 찾다 114
내일 아무런 기회가 찾아오지 않는 것이 두렵다

팔자사환八疵四患_여덟 가지 허물과 네 가지 근심 116
허물없는 이는 없지만, 허물을 고치려는 이는 될 수 있다

유기폐사猶棄敝蹝_마치 헌 짚신 버리듯 하다 118
기회비용Opportunity cost을 계산한다는 어려운 일

시자조슬視子蚤蝨_당신이 벼룩이나 이처럼 보인다 120
자신보다 뛰어난 사람을 추천하는 것이 어려운 이유
세상 모든 것에는 각기 자신만의 고유의 격格이 있다

마부진야馬不進也_말이 앞으로 나아가지 않다 128
정말 자랑할 일은 자기 입으로 하는 것이 아니다

3부 춘풍(春風)
남을 대할 때는 봄바람처럼

지작이변풍只作耳邊風_귓가에 스치는 바람결로 여겨라 … 134
화나거든 일단 그 자리를 피해라

패시혹반성공敗時或反成功_실패한 뒤에 오히려 성공할 수도 있다 … 136
울어도 괜찮다 토닥여주는 게 고작이지만

거자일소去者日疎_떠난 사람은 날이 갈수록 잊힌다 … 138
부모님 말고 뜸한 당신을 누가 반기겠는가?
아버지와 문패門牌
자식이 나이 든 부모를 업은 모습

삼복백규三復白圭_[말조심을 강조하는 시] 〈백규〉를 여러 번 읊조리다 … 142
FACT라는 명분으로도 폭력 의도를 숨길 수는 없다

부실기친不失其親_가까운 사람을 잃지 말라 … 144
속아주는 게 꼭 나쁜 것만은 아니더이다

동주공제同舟共濟_같은 배를 타고 함께 물을 건너다 … 146
내 뜻에 맞지 않는 사람으로 원림園林을 삼아라

관맹상제寬猛相濟_너그러움과 엄격함으로 서로를 조절하다 … 148
너그러움은 오래, 엄격함은 짧아야 효과적입니다

격화소양隔靴搔癢_신을 신고 발바닥을 긁다 … 150
I'm sorry for my lack understanding and I hope we can find a solution

원수불구근화遠水不救近火_멀리 있는 물은 가까운 곳의 불을 끄지 못한다 … 152
불편하지 않을 만큼의 간격과 늘 곁에 있다는 믿음

근자열원자래近者悅遠者來_가까이 있는 자를 기쁘게 하면 멀리 있는 자들이 찾아온다 … 154
패거리 문화로는 구성원을 설득할 수 없다면

여인선언 난어포백與人善言 煖於布帛_남에게 건네는 좋은 말은 비단 옷가지보다 따뜻하다 … 156
진심을 담은 축하를 몇 번이나 했을까 헤아려 보니

치사익분治絲益棼_실을 풀려다 오히려 더 엉키게 하다 … 158
뭔가 확실히 안다는 착각이 우리를 곤경에 빠지게 한다
바늘귀와 실타래
나무가 어지럽게 뒤섞여 있는 모습

능근취비能近取譬_능히 가까운 데서 취해 자기에게 비춰본다면 … 162

"당신에게 꼭 필요하실 것 같아 따로 준비했어요."

노어해시魯魚亥豕_어[魚]를 노[魯]로, 해[亥]를 시[豕]로 잘못 옮기다　　164
"인간은 자신도 속근다."는 말을 이해한다면

남만격설南蠻鴂舌_알아들을 수 없는 앵앵거리는 오랑캐의 말로 지껄이다　　166
묻지도 않는데 말하면 꼰대다

장롱작아裝聾作啞_귀머거리로 가장하고, 벙어리인 척하다　　168
높이 오를수록 더욱 허리를 굽혀라

선입지어위주先入之語爲主_먼저 들은 말만이 옳다고 믿고 생각을 굳히다　　170
Don't be prejudiced!
거울이 아니라 상대방에게 비친 얼굴이 내 참모습입니다

4부 하로(夏爐)
여름 난로처럼 격이 맞지 않는 것은 없애야

당랑거철螳螂拒轍_사마귀가 수레에 맞서다　　182
무모함은 용기가 아니다

이란격석以卵擊石_계란으로 바위를 치다　　184
비난에 앞서 얼마나 공감시키려 했나를 먼저 물어야

상저옥배象箸玉杯_상아[象牙] 젓가락과 옥으로 만든 잔　　186
파노폴리panopolie effect라는 환상

도고일척 마고일장道高一尺 魔高一丈_도[道]가 한 자쯤 올라가면 마[魔]는 한 길쯤 높아진다　　188
책임질 준비가 안 된 일은 하지 않아야
무협지와 마블 코믹스
무술武術이 뛰어난 협객俠客

파천황破天荒_천황을 깨다　　192
Everything worth pursuing comes with a little pain. The trick is not minding that it hurts

추주어륙推舟於陸_뭍에서 배를 밀다　　194
성공 방정식은 유통기한이 있습니다

인개매 맹자부지人皆寐 盲者不知_모두 잠들어 있으면 장님을 못 알아본다　　196
사이비를 가려낼 안목을 갖고 싶다면
가치를 알아보는 눈, 안목에 대하여

가치를 알아보는 눈

상옥추제上屋抽梯_지붕 위에 유인한 뒤 사다리를 치우다　　　　200
상처는 아물지만 흉터는 남는다

남원북철南轅北轍_수레의 끌채는 남쪽으로 가고 바퀴는 북쪽으로 굴러간다　202
시장지배력을 위해 계속 커지는 것이 정답일까?

위방불입危邦不入_위태로운 나라에는 들어가지 않는다　　　　204
도리道理가 있으면 나타나고, 없으면 피해야 한다

차청어롱借聽於聾_귀머거리에게 다른 이가 네게 뭐라고 하더냐고 묻는다　206
삶은 질문으로 넘쳐납니다만 우문현답은 없습니다

문이불심 불약무문聞而不審 不若無聞_듣고도 자세히 살피보지 않으면, 안 들은 것만 못하다　208
Filter Bouble을 아십니까?

심근고저深根固柢_곁뿌리는 깊게 하고 중심 뿌리는 굳건하게 하다　　210
나무는 저절로 자라는 것이라는 착각

대충지적大忠之敵_큰 충성을 해치다　　　　212
사람에게 충성하지 않는다는 말의 뜻은

해옹호구海翁好鷗_바다에 사는 늙은이는 갈매기를 좋아한다　　214
A doubtful friends is worse than a certain enemy

양호유환養虎遺患_호랑이를 길러서 화를 남기다　　　　216
내 몸 안에도 숨어있는 호랑이가 있다

피지상심披枝傷心_가지가 부러지면 근본을 해치게 된다　　218
열두 재주를 가진 사람이 끼니 걱정한다

분명 쓸모 있던 것도 때가 지나면 버려야

파증불고破甑不顧_깨진 시루는 돌아보는 것이 아니다　　　　226
아픈 기억에 발목 잡히지 말자

5부 항산(恒産)
평생 간직해야 하는 것은

각답실지脚踏實地_발이 땅에 붙어 다니다 — 232
Practice does not make perfect. Only perfect practice makes perfect

오상고절傲霜孤節_서리를 두려워하지 않고 홀로 절개를 지키다 — 234
인담여국人淡如菊, 사람의 담백함을 국화에 비유하는 이유

금시작비今是昨非_지금은 맞고 어제는 틀렸다 — 236
"나이값 좀 하세요."라는 핀잔은 듣지 않아야

부중지어釜中之魚_솥단지 안의 물고기 — 238
먼저 마음을 열어야 쓴소리가 들립니다

이고위감以古爲鑑_옛일을 거울로 삼다 — 240
당 태종도, 위징도 여전히 이 세상에 함께 살고 있다

파별천리跛鼈千里_절름발이 자라가 천 리를 간다 — 242
이솝우화 〈토끼와 거북이〉를 어떻게 읽으셨나요?

선능지미鮮能知味_맛을 제대로 아는 사람은 드물다 — 244
이 희수무레하고 슴슴한 것은 무엇인가
집밥은 물리지 않는다
궁극의 맛

묵자견기도이곡墨子見岐道以哭_묵자는 갈림길을 보고 울었다 — 248
우리의 삶에 네비게이션이 있을까?

토고납신吐故納新_묵은 것을 버리고 새로운 것을 받아들인다 — 250
'작심삼일作心三日'의 신박한 해석: 삼 일마다 작심하라

노기복력老驥伏櫪_노쇠한 천리마가 마구간에 엎드리다 — 252
세상이 나를 저버릴 수 없으려면

포전인옥抛磚引玉_벽돌을 버리고 옥을 얻다 — 254
버리지 못하면서 얻을 것에만 골몰하면

중류지주中流砥柱_황하의 격류 가운데의 지주[砥柱] — 256
정직하고 꾸준하며 유연해야 의연해질 수 있다

여조삭비如鳥數飛_새가 반복하여 나는 것이다 — 258
날개가 있어도 날지 못하면 새라고 부를 수 있을까?.
최초의 언어는 '엄마'
새가 반복하여 나는 것

학무상사學無常師_배움에는 정해진 스승이 없다 262
세상에 대한 질문이 계속되는 한 배워야 합니다

옥하玉瑕_옥에 티 264
장점이 뚜렷하면 단점이 있어도 쓸모가 있다

선난후획先難後獲_어려움을 먼저 하고 이득은 뒤에 취하다 266
어려운 일을 받아들이면 어리석은가요?

일발천균一髮千鈞_한 가닥 머리카락에 매달린 천균[≒18ton]의 무게 268
이 두려움을 용기로 바꿀 수만 있다면

신신신야 의의역신信信信也 疑疑亦信_믿을 것을 믿는 것이 믿음이며 의심할 것을 의심하는 것도 믿음 270
말해야 한다는 강박에서 벗어나자
아버지를 닮고 싶은 아들이고 보니

목불견첩目不見睫_자신의 눈썹은 볼 수 없다 280
꿩이 머리만 수풀에 처박는 이유를 아십니까?

에필로그 284

1부

추상
秋霜

나를 대할 때는 가을 서릿발처럼[2]

---

2 《채근담菜根譚》, 《지기추상持己秋霜》에서 따옴

유각양춘 有脚陽春
다리가 달린 따뜻한 봄

당나라의 명재상이었던 송경(宋璟)은 따뜻한 봄볕 같은 인품으로 백성을 사랑하고 아껴서 '다리가 달린 따뜻한 봄(有脚陽春)'이라는 칭송을 받았습니다. 이에 백성들이 그에 대한 공덕비를 세우려고 하자 송경은 왕에게 이렇게 반대하는 상소문을 올렸습니다.

"신은 특별한 공이 없는데
그들이 아첨하려 합니다.
이러한 풍토를 바꾸고자 하니
중지시켜 주십시오."

당나라 왕인유(王仁裕), 〈개원천보유사(開元天寶遺事)〉

탁월한 능력을 완성하는 것은 겸손이다

능력 있는 사람은 겸손하기 어렵습니다. 자신의 성향도 있지만 주변에서 그렇게 만듭니다. 계속 추켜세우면 겸손한 마음도 무뎌지는 게 인지상정입니다. 함께한 사람들의 공로는 잊고 자기 혼자 힘으로 이뤘다고 착각하기도 합니다. 돈 있는 사람이 검소하게 살 때, 성취한 자가 자신의 공을 타인에게 돌릴 때 우리는 겸손하다는 표현을 쓰지, 돈 없는 사람이 검소하게 사는 것은 분수껏 사는 것이고 공이 없는 자가 타인에게 공을 돌리는 것은 정직하다고 부를 뿐 겸손하다고 하지는 않습니다. 겸손이 없는 탁월함은 오래 가지 못합니다. 어느 순간 탁월함이 무뎌지면 시기 질투하는 주변에 의해 난도질 될 수도 있습니다. 나를 낮추고 남을 높이는 것, 나를 희생하며 남을 배려하는 것, 상대가 누구든 인간으로서 존중하는 법은 늘 배우고 오래 익혀야 비로소 얻을 수 있는 경지입니다.

이구복방 利口覆邦
말재주 부리는 입으로 나라를 뒤엎다

공자는 "정교한 말과 아름다운 얼굴빛을 가진 사람 중에도 어진 사람은 드물다!(巧言令色 鮮矣仁, 교언영색 선의인)"면서 탄식합니다. 그러면서 자신이 미워하는 세 가지를 말합니다.

"나는 자주색이 붉은색을 빼앗는 것을 미워하고
정나라 음악이 아악雅樂을 어지럽히는 것을 미워하고
말재주 부리는 입으로 나라를 뒤엎는 것을 미워한다."

《논어(論語)》, 〈양화(陽貨_양화를 만나다)〉 편

누군가에게 어리석어 보일지라도

올바르면서 이기는 경우는 적고 바르지 않은데 이기는 경우는 많다는 생각을 하곤 합니다. 억울한 일을 당했을 때 법法으로 다퉈 단죄하기보다 그냥 × 밟았다며 포기하는 경우를 겪는 것은 저만은 아닐 것입니다. 왜 그랬나 들여다보면 대부분 이구利口, 말재주가 좋은 사람의 사이비似而非에 속았을 때입니다. 저도 말을 잘한다는 소리를 들으면서 영업해온 입장이라 누군가에게는 이구利口로 여겨질 수 있겠다 싶어 조심하지만 잘못을 완전히 통제한다고는 말 못합니다. 그래도 노력은 계속하고 있습니다. 말재주는 영업맨에게는 정말 좋은 능력일 뿐 아니라 정확하게 정보를 전달하기 위해 화법話法을 다듬는 것은 영업맨의 기본입니다. 하지만 말재주가 문제가 되는 것은 거짓을 말하는 경우만은 아닙니다. 진짜인 척하는 가짜인 사이비가 더 문제입니다. 시기나 기능을 과장하는 것도 사이비고 상대를 공격할 요량으로 의도한 폄하도 사이비입니다. 경쟁상황에서 우리는 그렇게 하지 말자고 후배들을 다독이지만 그런 저열한 말재주 때문에 실패를 겪으면 분노와 동시에 똑같은 방법으로 앙갚음하고 싶었던 적이 한두 번이 아니었습니다. 하지만 누군가에게는 어리석어 보였을지라도 하지 않았습니다. 그렇게 살지 않은 덕에 30여 년을 버틸 수 있었습니다.

재소자처 在所自處
자기가 어디에 처했는지에 달려있다

춘추전국시대를 마감하고 진(秦)나라가 중국을 통일하는 데 가장 큰 공을 세운 인물이 이사(李斯)입니다. 그가 젊었을 때 초(楚)나라에서 하급 관리를 하고 있을 때 관청의 뒷간에서 마주친 비쩍 마른 쥐들은 자신을 보고 놀라서 도망가는데 창고 속의 살찐 쥐들은 도망치지 않는 모습을 보면서 사람이나 쥐나 운명을 결정하는 것은 어디에 있느냐에 달려있다고 보고 초나라를 떠나 당시 최강국이었던 진나라에 자신의 인생을 거는 결정을 합니다.

> "사람이 어질거나 못났다고 하는 것은
> 비유하자면 저 쥐들과 같은 것이다.
> 자기가 처한 바에 달려있을 뿐이다."
>
> 사마천(司馬遷), 《사기(史記)》〈이사열전(李斯列傳)〉

세상은 도전하는 자에게만 기회를 허락한다

불우한 환경을 벗어나 새로운 곳에서 도전을 통해 꿈을 이룬 성공 스토리는 이사李斯 말고도 수없이 많습니다. 그들 이야기의 공통점은 저절로 이뤄지는 성공이란 없다는 사실입니다. 매일 우리 앞에서 일어나는 크고 작은 일들을 마주하면서 누구는 시련으로 여겨 힘들어하고 누구는 도전으로 받아들여 용기를 냅니다. 시련으로 여기면 실패하고 도전으로 받아들이면 성공한다는 얘기는 아닙니다. 하지만 풀리지 않던 수학 문제를 별 고민 없이 찍어서 맞혔다고 좋아하지만 다시 풀면 틀릴 확률이 높은 것처럼 똑같이 먹고 행동하면서 살이 빠지는 기적은 일어나지 않습니다. 그러기에 우리는 무엇을 얻기 위해서는 무언가를 대가로 내어놓아야 합니다. 세상이 실패를 감수하겠다는 마음으로 도전하는 자에게만 기회를 허락하는 이유입니다.

도전 앞에 망설이는 사람들에게 박노해 시인의 시 〈너의 때가 온다〉가 건네는 응원의 메시지를 소개합니다.

너는 작은 솔씨 하나지만
네 안에는 아름드리 금강송이 들어있다.

(중략)

너는 지금 작지만
너는 이미 크다.

너는 지금 모르지만
너의 때가 오고 있다.

삼도지몽 三刀之夢
세 자루 칼의 꿈

위촉오 삼국시대가 저물어갈 때 위(魏)나라를 대신한 진(晉)나라에는 왕준(王濬)이라는 장수가 있었습니다. 그는 오(吳)나라를 멸망시킨 인물인데 어느 날 대들보에 칼 세 자루가 달려 있다가 잠시 후 한 자루가 더 늘어나는 꿈을 꿉니다. 기이하게 여긴 왕준이 책사에게 물어보니 축하의 말을 건네며 이렇게 해석해 줍니다. 그리고 그의 해석대로 그는 익주자사(益州刺史)가 되어 훗날 오나라를 정벌할 토대를 갖춥니다.

> "삼도三刀는 주州를 뜻하는 것이고,
> 한 칼을 더했으니[益, 익]
> 익주益州를 다스리게 될 것입니다."
>
> 당나라 장영서(臧榮緒전) 방현령(房玄齡) 등, 《진서(晉書)》〈왕준(王濬)〉전

I didn't fail the test, I just found 100 ways to do it wrong

꿈보다 해몽이라고 합니다. 저도 어릴 적 간밤에 꾼 꿈을 어머니께 묻곤 했습니다. 어머니는 제가 기분이 좋았던 꿈은 그대로 좋게 해석했고 나쁜 꿈은 액땜했으니 됐다며 좋아질 거라고 했습니다. 돌이켜보니 어머니의 해몽은 나쁜 것은 거의 없었습니다. 어머니의 뜻을 이해하게 된 것은 성인이 되고 나서 어떤 스님의 이야기를 듣고부터였습니다.

과거시험을 보러 가던 선비가 주막에서 하룻밤 묵을 때 밥상이 확 엎어지는 꿈을 꿨습니다. 시험을 망치겠구나 낙담하는 그를 우연히 보게 된 노스님이 연유를 묻고 꿈풀이를 해줍니다. 시험 보기 전에 밥상이 엎어졌으니 시험 합격해서는 더 좋은 밥상을 얻는다는 얘기니 길몽吉夢이라고. 그러자 선비는 환하게 웃으며 감사 인사를 드리고 과거 길에 올랐습니다. 이 광경을 지켜본 동자승이 노스님께 그런 뜻이냐고 묻습니다. 그러자 "꿈이란 본래 마음이 만든 것이니 좋은 꿈이든 나쁜 꿈이든 선비의 마음이 편해졌으면 그걸로 된 것"이라 했습니다. 나중에 과거에 합격한 선비가 찾아와 감사 인사를 드렸다고 하니 믿거나 말거나지만 저의 어머니 역시 같은 생각에서 하셨겠다고 하며 절로 고개가 끄덕여졌습니다. 꿈보다 해몽의 참뜻은 '꿈에 끌려다니지 말고 꿈을 끌고 가라'는 뜻이 아닐까 생각해봅니다.

꿈꾸는 어른

잠자는 동안 일어나는 심리적 현상의 연속과

실현시키고 싶은 희망이나 이상.
꿈에는 두 가지의 뜻이 있습니다.

어릴 적 두 가지 모두 꿈꿨던 시간도 있었지만
어른이 되면서 첫 번째 꿈은 여전히 꾸지만
두 번째 의미의 꿈을 꾼다면 철없다는 핀잔만 듣습니다.
혹여 꾼다고 하더라도 실현 가능성을 들먹이며 한계를 긋습니다.

"너는 뭘 하고 싶니?" "뭐가 되고 싶어?"
어른들은 아이들에게 묻습니다.
하지만 어른에게 물을 때는 같은 말도 다르게 쓰입니다.
"도대체 뭘 하고 싶은 거니?(이젠 철 좀 들어라?)"
"뭐가 되고 싶냐고?(그게 가능이나 하겠냐고)"

다정한 사람, 솔직한 사람, 나누는 사람을
저는 여전히 꿈꾸며 삽니다.
제게 꿈은
어른이 되려면 벗어야 하는 허물이 아니라
탈피脫皮를 거듭하면서 더욱 단단해지는 무엇입니다.
죽는 날까지 하늘을 우러러 한 점 부끄럼이 없기를
꿈꿨던 시인 윤동주는 제가 가장 닮고 싶은 모습입니다.

꿈, Dream
夢

나이가 들면 마음이 넓어지는 줄만 알았지.

피자도우처럼 넓어지는 대신 얇아지는 건 몰랐습니다.

얇아지니 쉽게 찢어져 속상합니다.

도우는 치대면 해결된다는데

마음은 어떻게 하면 찢기지 않을까요?

꿈꾼다면 찢겨져도 다시 시작할 수 있지 않을까?

더 단단해지겠다는 꿈

더 성숙해지겠다는 꿈

찢기면 그냥 견디는 것이 아니라 성장통이라 믿으니

조금씩 새살이 돋아납니다.

三(석 삼)

刀(칼 도)

之(갈 지)

夢(꿈 몽)

중호지 필찰언 衆好之 必察焉
여러 사람이 좋아하더라도 반드시 자신이 살펴라

공자가 위(衛)나라에 들러 유세를 펼쳤지만 군주였던 영공(靈公)은 무도(無道)한 자라 판단하고 위나라를 떠납니다. 그 과정에서 제자들과 나눈 이야기를 모은 것이 《논어》의 〈위령공(衛靈公)〉 편입니다. 특히 세상의 윤리 도덕이 무너지고 정치 사회 질서가 혼란이 심해진 것을 탄식하는 글이 대부분입니다. 그중 사람들을 어떻게 판단하고 평가하는지를 말한 문장이 있습니다.

> "여러 사람이 어떤 사람을 미워하더라도 반드시
> 자신이 살펴보며(衆惡之 必察焉, 중오지 필찰언),
> 여러 사람이 어떤 사람을 좋아하더라도 반드시
> 자신이 살펴야 한다(衆好之 必察焉, 중호지 필찰언)."
>
> 《논어(論語)》, 〈위령공(衛靈公)〉 편

백 번 보는 것보다 한 번 겪는 게 더 낫다

찰察은 깊이 들여다보는 것입니다. 시視는 사람의 의지로 특정 대상을 주의 깊게 보는 것입니다. 관觀은 시視에 따라 분별하고 선택하는 것입니다. 관점을 갖게 합니다. 하지만 찰察은 시視나 관觀보다 훨씬 꼼꼼하게 들여다보는 것입니다. 거기에 공자는 '반드시必'를 덧붙였습니다.

깊이 들여다보려면 끊임없이 노력해야 합니다. 특히 사람의 문제는 전후 사정도 알아야 하고 주변 여건까지 고려해 판단해야만 실수가 없습니다. 공자가 반드시 자신이 직접 살피라고 한 뜻은 남의 말을 믿지 말라는 것이 아니라 직접 확인하고, 섣부른 판단으로 실수를 범해서는 안 된다는 뜻일 것입니다. 하지만 직접 판단했지만 사람을 잘못 보는 경우도 있습니다. 그런 실수를 반복하지 않으려면 자신에게서 원인을 찾아야지 '너 때문에'라며 남 탓해서는 찾을 수 없습니다. 백 번 듣는 것보다 한 번 보는 게 낫고, 백 번 곁에서 지켜보는 것보다 한 번이라도 직접 경험해보는 것이 낫다고 생각합니다. 그래서 저는 여전히 귀나 눈보다는 몸으로 배우는 행동파로 살아가고 있습니다.

용자불구 勇者不懼
용기 있는 사람은 두려워하지 않는다

공자(孔子)는 군자의 길에는 어짊[仁]·지혜로움[知]·용기[勇] 세 가지가 있다고 말합니다. 그러면서 자신은 그 어느 것도 능하지 못하다고 말하자 뒤에 이 말을 들은 제자 자공(子貢)이 "이는 스승님께서 자기 삶을 스스로 낮춘 겸양의 표현이다."라고 말합니다. 공자가 설명한 군자의 세 가지 길은 이렇습니다.

> "어진 사람은 근심하지 않으며
> 일의 이치를 아는 사람은 미혹되지 않고
> 용기 있는 사람은 두려워하지 않는다."
> 《논어(論語)》〈헌문(憲問_(손자인) 자사(子思)가 묻다)〉편

칼을 뽑을 때만 용기가 필요한 것이 아니다

공자의 제자 중 가장 용기 있는 사람은 자로子路입니다. 그가 어느 날 다른 제자인 안회를 칭찬하는 것을 보자 무예가 뛰어난 자신은 어떠냐고 질문한 적이 있습니다. 공자는 "맨손으로 호랑이와 맞서는 사람, 강을 건너다가 목숨을 잃고도 후회하지 않는 사람, 그런 무모한 사람과는

함께하지 않을 것이다."라며 용기와 무모함을 구분하라고 일침을 가합니다. 그러고는 "일에 임해서는 신중하고 치밀하게 계획해 일을 성공시키는 사람과 함께할 것이다."라며 가르침도 줍니다.

저 역시 용기와 무모함을 잘 구분하지 못했습니다. 그러다 몇 번의 실패를 연거푸 맛보고 의기소침한 저를 한 선배가 다독여줬습니다. "칼을 뽑을 때만 용기가 필요한 것이 아니다. 칼을 집어넣을 때도 용기가 필요하다." 무조건 큰 목소리로 돌격 앞으로만 외치면 되는 줄 알던 제게 먼저 꼼꼼하게 수주 가능성을 확인하고 나서 행동하자는 말이었습니다. 그 이후로 제 별명은 '폴더 강'이 됐습니다. 폴더폰처럼 수주 프로젝트를 자주 접었기 때문입니다. 하지만 후회는 없습니다. 포기한 대가만큼 프로젝트 성공에 대한 집념은 더 커졌기 때문입니다.

색난色難
낯빛을 잘하는 것이 어렵다

공자에게는 생전에 문학에 뛰어나다고 칭찬했던 자하(子夏)라는 제자가 있습니다. 말년에 자식이 먼저 죽자 너무 슬퍼서 실명한 애달픈 얘기의 주인공이기도 한 그가 부모님께 어떻게 효도해야 하는지를 스승에게 묻습니다. 공자가 이렇게 답합니다.

> "(부모님 앞에서) 낯빛을 잘하는 것이 어렵다.
> (힘든) 일이 있으면 자식이 그 수고로움을 떠맡고
> 술과 음식이 있으면 부모님께 먼저 대접하는 것,
> 어찌 이것만으로 효도를 다했다 하겠는가?"
> 《논어(論語)》, 〈위정(爲政_정치를 한다는 것에 대해 말하다)〉 편

"인상이 참 좋다."라는 평을 듣고 싶다면

"인상이 참 좋다."라는 소리가 절로 나는 사람을 만날 때가 있습니다. 당연히 저도 마음이 놓이고 편안해집니다. 인상 좋은 영업직원이라면 당연히 플러스 요인입니다. 그래서 영업 나가기 전에 어떻게 하면 좋은 첫인상을 보일까 고민하는 후배들에게 자주 반문합니다. 어떻게 하면

얼굴빛이 좋아질지를. 피부과에 다니거나 화장하는 방법을 말하기도 하고 잘 갖춰 입으면 된다고도 말합니다. 용모를 단정하게 하는 것은 영업직으로서는 당연하지만 단정하더라도 차갑거나 매서운 표정이라면 좋은 인상이라 할 수 없으니 조금 더 생각해보라고 말합니다.

하지만 별다른 답은 없습니다. 그때야 비로소 공자의 말을 조금 바꿔 설명합니다. 어렵다는 말은 중요하다는 뜻이기도 하니 부모를 고객으로 바꾸면 영업의 기본 중의 기본이 되니 부모님 앞에서 근심하는 표정이나 화난 표정을 짓지 않으려면 어떤 마음가짐이겠냐고. 배려하겠다는 마음에서 출발해야 한다고. 진심으로 돕겠다는 마음을 가지면 상대방의 처지를 먼저 이해하려 하고 상황에 맞게 너무 과하지도 모자라지도 않은 적절한 응대를 고민하게 된다고. 그러면 자연스레 알고 싶은 것이 많은 고객에게는 적절한 정보 제공을, 대접을 원하는 고객에게는 존경심을 담은 응대를, 그리고 눈치 보는 고객에게는 시선을 돌려 편하게 둘러볼 기회를 제공한다고 말입니다. 그런 배려를 통해 고객이 편안함을 느끼면 그의 입에서 "인상 좋다."는 소리는 저절로 나올 거라는 말과 함께.

서기서인 恕己恕人
나를 용서하듯 남을 용서하다

쇠락해가는 송나라를 개혁하려던 왕안석(王安石)에게는 사마광(司馬光)과 반대 세력이 존재했습니다. 왕안석의 개혁안을 모두 부정하는 고지식한 사마광과 달리 타당하다고 여긴 정책은 수용하자는 합리적인 범순인(范純仁) 같은 인물도 있었습니다. 그는 "상대방의 노선이 다르다 하여 타당한 언행이나 정책까지 모두 폐기할 필요가 없다."며 사마광과 크게 충돌한 것으로 유명합니다. 그가 제자들에게 남긴 말입니다.

> "비록 사람이 어리석다 할지라도
> 다른 사람을 꾸짖을 때는 밝고
> 총명한 사람도 자신을 용서할 때는 어둡고 흐릿한 법이다.
> 너희들은 항상 남을 꾸짖는 마음으로 자신을 꾸짖고
> 자신을 용서하는 마음으로 남을 용서해라."
>
> 원(元)나라 사관 토크토아, 《송사(宋史)》〈범순인(范純仁)〉 전

강한 사람은 복수한다. 그러나 더 강한 사람은 용서한다

용서한다는 뜻의 한자 서恕를 풀어보면 같다라는 뜻의 '如(여)'와 마음 '心(심)'이 되니 결국 상대와 같은 마음이 되는 것이 용서입니다. 자신에

게 하듯 남에게도 용서하라는 말은 결국 상대방의 마음을 읽으라는 것이지 무조건 양보하라는 뜻은 아닐 것입니다. 을乙이어서 갑질을 참으라는 뜻도 아니고 무조건 혹은 곧바로 용서하라는 얘기도 아닙니다. 용서는 잘못을 시인하는 것이고 피해를 입은 사람이 하는 것입니다. 따라서 쉽지 않습니다. 피해를 본 이는 아무리 상대방을 이해하려 해도 좋은 감정이 생길 리 없는데 그런 그가 자기 뜻을 굽혀야 하기 때문입니다.

　백 번을 양보해도 이해하지 못하겠다는 반응이 대부분이지 그럴 수도 있지 하며 통 크게 용서하는 경우는 부모 자식 사이에도 드문 일입니다. 그럼에도 우리는 용서해야 합니다. 상처를 입었지만 더 큰 상처가 되지 않으려면 용서를 선택하는 것이 합리적임을 얘기하는 것입니다. 상대방을 위해서가 아니라 나를 위해서 용서하라는 뜻입니다. 용서는 하되 잊지는 말자는 의미이기도 합니다. 진정 강한 사람은 용서하는 사람입니다.

불오 불은 불고 不傲 不隱 不瞽
나대지도, 숨기지도, 눈멀지도 않아야 한다

《순자(荀子)》《권학(勸學)》편은 "배움은 멈춰서는 안 된다."로 시작합니다. 그러면서 예법에 맞지 않는 물음에는 답하지 말고 예법에 맞지 않는 답을 하는 자에게는 묻지 말고 다투려는 자와 논쟁하지도 말고 도를 따르지 않는 자는 피하라고 말합니다. 그러면서 나댐[傲 오], 숨김[隱 은], 눈멂[瞽 고]에 대해 정의하고 군자는 나대지도 숨기지도 눈멀지도 않은 상태로 사람을 대한다고 가르칩니다.

"더불어 얘기할 상황이 아님에도 얘기하는 것을 나댄다고 하고
더불어 얘기해야 하는 상황임에도 입을 다무는 것을 숨긴다고 하고
(상대방의) 기색을 살피지 않고 내 말만 막 하는 것을 눈멀었다고 한다."

순경(荀卿), 《순자(荀子)》〈권학(勸學)〉편

술자리에서는 술값도, 대화도 1/n이어야

성격이 급하다는 소리를 듣는 사람은 하지 말았어야 했다는 후회를 참 많이 합니다. 제가 그런 사람입니다. 후배들의 의견을 듣겠다고 회의를 열고선 저 혼자 얘기하다 끝나는 경우가 허다합니다. 혼자 다 얘기하

고 결정할 거면서 왜 회의를 하는지 모르겠다는 표정을 보면 많이 창피합니다. 고객과도 마찬가지입니다. 제 설명을 이해하지 못하면 더 많은 말을 했습니다. 시간이 흐르고 고객들이 고개를 끄덕였지만 그건 이해했다는 표시가 아니라 그만하자는 질림의 표시라는 건 결과로 금방 나타납니다. 말을 많이 했으니 나댄 것이고 상대방의 기색을 살피지 못했으니 눈멀었던 것입니다.

점잔 빼는 성격이 못되니 영업상 술자리에서도 주도권을 쥐려고 합니다. 물론 좋게 봐주는 고객도 계시지만 더러는 불편해하는 고객을 만나다 보니 어쩌면 좋을까 식사 도중 선친께 여쭤본 적이 있습니다. 그랬더니 "술자리에서는 술값도 대화도 다 1/N로 하면 된다."는 답이 돌아왔습니다. 그 이후 이 말을 지키려고 했습니다. 노래방에서 노래도 회의 석상에서 발언도 고객과의 미팅도 여전히 못 지키는 경우가 있지만, 덕분에 후회도 많이 줄었습니다.

갈구마광 刮垢磨光
때를 벗기고 빛이 나게 닦는다

당나라 때 대문장가인 한유(韓愈)가 아침 일찍 태학(太學)에 들어가 학생들을 불러 모아 가르쳤습니다. 아마도 관리들이 현명하지 못하고 공정하지도 않다는 불만을 털어놓은 듯합니다. 이에 대해서 그런 걱정을 할 때가 아니라 자신들의 학업이 부족함과 행실이 바르지 못함을 걱정하라며 따끔하게 가르칩니다.

> "조그마한 선행을 한 사람은 가감 없이 기록되고
> 한 가지 재주라도 이름난 사람은 쓰이지 않음이 없다.
> 인재를 널리 찾아내어 등용하는 것은
> 때를 벗기고 빛이 나게 닦는 것이다.
> 요행으로 잘못 뽑힌 사람도 있겠지만
> 뛰어나지만 드러나지 않는다고 누가 말하겠는가?"
>
> 한유(韓愈), 〈진학해(進學解)〉

꾸준함을 이기는 탁월함은 없습니다

이 글 뒷부분에는 한유의 얘기를 듣던 학생이 피식 웃으면서 그렇게 능력이 뛰어난 분이 좌천당하셔서 저희나 가르치고 계십니까 하면서 반발하고, 한유는 옛 성인들도 불우한 일생을 보냈다며 언젠가는 능력을 인정받을 것이라고 말한 내용까지 적혀 있습니다. 당시 재상이 한유의 이 글을 보고 다시 발탁하여 승진시켰다고 하니 한유의 의도는 상황을 빌어 다시 등용시켜달라는 것이 아니었을까요? 아무튼 저는 한유에게 대들었던 학생을 닮았습니다.

 전기와 후기로 나눠 학교별로 시험을 보던 시절이라 연속으로 예닐곱 번 고배를 마셨습니다. 원하는 학교에 못 들어갔다는 자격지심에 공부가 제대로 될 리 없었습니다. 운 좋게 들어간 직장도 또래보다 늦었으니 마음이 조급했습니다. 따라잡아야 한다는 강박도 있었습니다. 하지만 하지 않으면 아무것도 바뀌지 않는다는 생각에 출퇴근 시간에 책 읽기, 일주일에 한 편 이상 글쓰기 등 자잘한 습관을 들였습니다. 30년 가까이 이어온 습관 덕에 지금은 조급함도 강박도 없습니다. 꾸준함을 이기는 탁월함은 없다고 믿습니다. 아직 세상이 능력을 몰라준다면 자신을 더 날카로이 벼리다 보면 주머니 속의 송곳처럼 저절로 드러날 것입니다.

궁차익견 窮且益堅
가난할수록 더욱 굳세어진다

등왕각(滕王閣)은 동정호(洞庭湖)의 악양루, 양쯔강을 가장 잘 볼 수 있는 우한의 황학루(黃鶴樓)를 압도하는 규모로 중국 강남 3대 명루(名樓)로 불립니다. 당 태종 때 지어져 지금까지 29번 재건을 거쳐 오늘에 이르게 됐습니다. 재건할 때마다 당대의 문장가들에게 시문을 짓게 했는데 그중 가장 유명한 것이 처음 지은 뒤 20년 만에 재건할 때 왕발(王勃)이 남긴 문장입니다. 그중 일부를 옮겨봅니다.

"늙을수록 더욱 강해진다면
어찌 노인의 마음을 알 것이며
가난할수록 더욱 굳세어진다면
청운의 뜻은 떨어지지 않을 것이다."

당나라 왕발(王勃), 〈등왕각서(滕王閣序_등왕각에 쓰다)〉

Maximizer vs Satisficer

노익장老益壯의 어원이기도 한 문장입니다. 나이를 먹어도 여전히 열정이 가득할 수 있을까 하고 고민하던 차에 가난하지만 당당해야 한다는 글귀가 눈으로 훅 들어왔습니다. "부자이면서 교만하지 않기는 쉽지만 가난하면서 원망하지 않기는 어렵다."고 했습니다. 공자가 한 말입니다. 성인군자도 어렵다고 한 일을 평범한 제가 실천하는 것은 불가능한 것이라 생각했습니다. 부모님께서는 늘 "가난은 불편한 것이지 부끄러운 것이 아니"라고 말해주셨지만 제 아이들에게 그렇게 살아야 한다고 가르치기는 정말 어려운 주제입니다.

시골에서 자라며 모두 가난했기에 큰 고민이 없었던 저와 눈만 뜨면 빈부의 차이를 지켜봐야 하는 아이들 세대가 같을 수 없기 때문입니다. 한 푼이라도 더 받는 직장으로 이직하는 후배를 보면서 그에게 매정하다고 말 못 했던 이유도 마찬가지입니다. 저 또한 수도승처럼 다 버리고 떠나면 좋으련만 그럴 용기도 없으니 대략 난감입니다. 저는 최근 직장인으로서 "최선을 다했으면 어쩔 수 없는 것 아니냐"고 적당히 만족하는 Satisficer를 선택했습니다. '조금만 더 노력했더라면' 하는 Maximizer로서의 후회도 남지만 이제는 제 열정을 쏟을 곳이 직장만은 아니라는 생각입니다.

시력자망 侍力者亡
힘에 기대는 자는 망한다

상앙(商鞅)이 진나라의 재상이 된 지 10년이 지나자 그를 원망하는 자가 많아졌습니다. 이를 두고 조량(趙良)이라는 자가 상앙에게 당신의 위태로움이 아침 이슬처럼 곧 사라질 텐데 왜 왕에게 받은 영지를 반납하고 물러나지 않냐고 아래와 같은 문장을 들어 충고합니다. 그러면서 지금의 임금이 갑자기 불귀의 객이 되면 당신도 무사하지 못할 것이라는 말도 덧붙입니다. 그러나 권력의 정점에 있던 상앙은 그 충고를 무시합니다. 그로부터 다섯 달 후 임금이 죽고 태자가 즉위하자 조량의 예언대로 비참한 최후를 맞습니다.

> "《서경書經》에 덕을 기대는 자는 번창하고
> 힘에 기대는 자는 망한다 했습니다."
>
> 《사기(史記)》,〈상군열전(商君列傳_상앙의 이야기)〉

다모클레스의 검 Sword of Damocles

조량趙良은 상당한 명망가였던 모양입니다. 최고 권력자였던 상앙商鞅조차 만남을 청했지만 거절당했다고 합니다. 거듭 만남을 청하자 "자기가 바른말을 하더라도 나무라지 않겠다는 다짐이 필요하다."는 조량의 요구에 동의하고서야 만날 수 있었고 그 자리에서 상앙에게 건넨 충고입니다. 사마천은 그를 매우 각박한 사람이라 평했습니다. 상앙은 법法을 엄격히 적용해 기득권층의 불만이 많았습니다. 그런 상앙이 위태해 보였던 조량과 달리 상앙 자신은 모든 상황을 통제할 수 있다고 믿었을 겁니다. 이런 일은 역사에 많이 등장합니다. 모든 상황을 통제할 수 있다고 오만해지는 순간 결국 자신을 망친다는 사실을 잊게 됩니다.

고대 그리스 디오니시오스 왕은 자신의 자리를 부러워하는 신하 다모클레스에게 하루 동안 옥좌에 앉아보라고 합니다. 이게 웬 떡이냐며 웃음을 지으며 다모클레스가 옥좌에 앉자 왕은 천장을 보라고 합니다. 천장을 올려다본 다모클레스는 혼비백산해 도망갑니다. 머리 위 천장에는 예리한 칼이 한 가닥 실에 매달려 번뜩이고 있었기 때문입니다. 상앙도 '다모클레스의 검Sword of Damocles'이 있었다면 최후가 그토록 비참하지는 않았을 겁니다. 글을 쓰고 보니 제게도 해당하는 것이기도 했습니다.

고추부서 孤雛腐鼠
외로운 병아리와 썩은 쥐

두헌(竇憲)은 한나라 명제(明帝), 장제(章帝), 화제(和帝) 등 3명의 황제를 섬겼고 장제의 황후인 두태후(竇太后)의 오빠로서 막강한 권력을 행사했습니다. 북의 흉노를 정벌하는 등 공을 세우기도 했지만 화제를 죽이려는 음모를 꾸미다 발각되자 자살했습니다. 역모를 막는 과정에서 화제는 정중(鄭衆) 등 환관(宦官)의 힘을 빌었는데 이때부터 환관 횡포의 효시가 됐으니 역사의 아이러니입니다. 후한서에는 이런 두헌에 대한 화제의 인물평을 다음과 같이 적어놓았습니다.

"그는 외로운 병아리와 썩은 쥐와 같다."

《후한서(後漢書)》, 〈두융열전(竇融列傳)_증조부 두융부터 두헌 집안의 이야기)〉

Quit while you're ahead !

두헌은 왜 조카인 화제를 죽이려 했을까 궁금했습니다. 화제는 두태후의 소생이 아니라 다른 여인에게서 태어난 서자였습니다. 생모가 두태후에 의해 살해당한 뒤 두태후의 양자가 되어 9살에 왕위에 오릅니다. 당연히 어린 황제를 대신한다며 두태후의 수렴청정이 시작되고 실권은 오빠인 두헌이 장악합니다. 화제가 나이를 먹어가면서 실권이 없는 상황에 불만을 품고 있다는 사실이 두헌에게 알려지자 화제를 살해할 계획을 세우게 됩니다. 하지만 환관 정중 등과 함께 선수를 쳐 두헌을 실각시키자 자살하는 것으로 마무리됩니다.

    이런 이야기를 읽을 때면 늘 '상황 판단이 왜 안 될까?' 혹은 '권력은 저렇게 놓기 싫은 건가?'라는 의문이 생깁니다. 권력을 쥐어본 적이 없으니 명쾌한 답을 찾지 못하다가 다자이 오사무의《인간실격》에서 작은 실마리를 얻었습니다. "전쟁에 졌기 때문에 추락하는 게 아니다. 인간이기 때문에 추락하는 것이고, 살아 있기 때문에 추락하는 것이다. 인간은 추락할 수 있는 데까지 추락해야 한다. … 떨어질 때까지 떨어져서 자신을 찾아내고 구원해야 한다." 떨어질 때까지 떨어져 본 적이 없는 사람이기에 그렇겠구나 싶습니다. 잃을 게 많은 두헌은 머뭇거렸고 잃을 게 없는 화제는 모든 걸 걸었기에 이겼습니다. 모든 걸 가졌지만 잃고 나니 "외로운 병아리와 썩은 쥐"와 같다며 조롱받으니 박수칠 때 떠났던 선배들에게 경외심마저 듭니다.

작사도변 作舍道邊
길가에 집 짓기

후한(後漢) 장제(章帝) 때 학자인 조포(曹褒)가 예(禮)와 관련된 제도를 정비해야 한다고 상소를 올렸습니다. 그러자 대신들이 일개 학자인 조포의 건의를 무시하라고 했지만 장제는 오히려 그를 시중(侍中)으로 발탁해 중책을 맡깁니다. 이에 대신들은 그렇다면 여러 유학자의 의견도 함께 논의해야 한다고 재차 간언하자, 장제는 명분상 다른 의견을 모아 놓는다면 서로 다투기만 할 뿐 아무것도 이루지 못한다고 했습니다.

> "옛 속담에도 길가에 집을 지으면
> 3년이 가도 이루지 못한다라는 말이 있다."
>
> 사마광(司馬光), 《자치통감(資治通鑑)》〈한기(漢紀 11. 조포를 시중으로 삼다)〉

합리적 결정이 아니라 자신의 결정이 합리적인 것이 되도록

일을 시작할 때면 주변에 물어가면서 하라는 조언을 많이 듣습니다. 주변에 의견을 구한다는 것은 합리적인 결정을 위한 것인데 도움이 될 때도 있지만 사공이 많아져 배가 산으로 가는 경우도 있습니다. 저 역시도 어떤 일을 할 때마다 안 듣자니 불안하고 듣자니 심란해지는 경우를 많이 겪었습니다. 하지만 결국 결과에 대한 책임은 내 몫이라고 생각하는 순간 조언은 더 이상 제 결정을 흔들지 못했습니다. 그래서 '고집불통'이라는 오해도 "자기 멋대로 할 거면서 왜 물어보냐?"는 핀잔도 많이 받았습니다. 그러면 그럴수록 합리적인 결정을 한답시고 차일피일 시간을 미루는 것보다 내가 내린 결정이 합리적인 것이 되도록 하는 노력이 더 옳은 것이라고 생각했고 과감하게 결정을 내리려 노력했습니다. 모든 결정이 좋은 결과로 끝난 것은 아니었지만 적어도 실패하더라도 만회할 시간을 가질 수 있었습니다. 그리고 결정 경험이 쌓이게 되면서 점차 어처구니없는 실패도 줄었습니다. 그래서 여러분께 조언합니다. 결정을 내리기 전이 아니라 결정을 내린 뒤 혹시 모를 위험 요소나 문제에 대해서 조언을 듣기를. 결정도 그 책임도 결국은 자신의 몫입니다.

나만의 집짓기

아버지가 돌아가시면서 제게 과수원을 물려주셨습니다.

조상 대대로 내려온 땅이니 팔 수도 없고

은퇴하면 내려갈 요량으로 집을 짓겠다 마음먹었습니다.

친구에게 설계도 부탁하고 시공도 따로 부탁했습니다.

제주 전통 가옥 형태인 '안거리와 밖거리'로 짓겠다고,

안거리는 제가 머물 공간으로 서재를 겸한 작업실과 침실을

밖거리는 서울에서 온 지인들이 머물 공간으로

마당에는 바비큐나 '불멍'을 할 수 있게 화덕도 놓고

과수원을 정원처럼 바라볼 수 있게 등등.

고향 친구들이 한마디씩 합니다.
"응. 은퇴하면 그때 다시 얘기해~", "아내에게 동의받고 와~"
서울 친구들은 전혀 다른 반응입니다.
"와 부럽다. 나도 가도 돼?", "같이 지을까?"
그러다 누군가 제게 묻습니다.
"네가 갖고 싶은 건 전원주택이냐? 아니면 농가 주택이냐?"

마지막 직업은 농부로 살겠다 했지만,
손재주도 끈기도 부족한데다 농사일마저 미숙하니
전업 농부는 언감생심 焉敢生心이고
그저 주변과 나눠 먹을 정도의 농사를 생각한다고 말했더니,
그럼 "살집(안거리)만 짓고 천천히 생각"하라 하네요

집을 부르는 다양한 이름

家 閣 館 堂 舍 祠 庵 屋 院 齋 宅 etc.

가家는 물리적으로 건물이 모여 있는 집합군

각閣은 누樓와 유사한 중층건물

관館은 임시로 머무는 집으로 공무와 관련됨

당堂은 각 영역의 중심건물

사舍는 부속된 작은 건물

사祠는 영정이나 위패를 모셔놓고 제사하는 건물

암庵은 멀리 떨어져 한적한 곳에 지은 작은 초막

옥屋은 지붕 덮인 모든 건축물

원院은 담장을 두른 공간

재齋는 소박하게 학문을 연마하기 위해 지은 건물

택宅은 살림집 등

作(지을 작)

舍(집 사)

道(길 도)

邊(가 변)

의인절부 擬人竊鈇
남이 도끼를 훔쳐 갔다고 의심하다

어떤 사람이 도끼를 잃어버렸습니다. 이웃집 아들이 의심쩍고 수상쩍다고 느껴 그를 자세히 보니 얼굴 생김새며 말하는 태도, 걷는 모습이나 하는 말, 자기를 대하는 태도나 표정이 겁먹고 있는 듯했습니다. 영락없이 도끼를 훔친 사람 같았습니다. 그런데 며칠 후 산에서 도끼를 찾게 됐습니다. 나무하러 갔다가 놓고 온 것을 까맣게 잊고 있던 것이죠. 내려와서 이웃집 아들을 다시 보니

> "일거일동一擧一動 어디를 봐도
> 절대로 도끼를 훔칠 사람으로 보이질 않았다."

《열자(列子)》〈설부(說符_상대적인 사람의 생각과 행위가 하늘의 도에 부합되는지를 알아보다)〉편

아무리 합리적 추론이라도 의심은 신중해야

'합리적 의심'이라는 표현을 씁니다. 법전法典은 이를 "모든 의문, 불신을 포함하는 것이 아니라 논리와 경험칙에 기하여 요증사실要證事實과 양립할 수 없는 사실의 개연에 대한 합리성 있는 의문을 의미하는 것"으로 정의합니다. 즉 기존에 나타난 직·간접 증거와 양립할 수 없는 사실이

드러나 이에 대해 가지는 '왜?'라는 의문이 바로 합리적 의심이라는 뜻입니다. 하지만 현실에서는 증거나 사실에 기반해서 쓴다기보다 자신의 의심이 옳다는 것을 주장하기 위해 쓰는 수사修辭적 표현이 더 많지 않을까요?

특히 SNS상에서 그 피해가 큽니다. 합리적 의심을 주장하지만 짜 맞춘 증거와 정황만을 근거로 자신의 주장이 사실임을 강변합니다. 난도질당하는 사람의 입장은 안중에도 없습니다. 사실이 아닌 경우 그들은 "오해했다."라고 사과하면 그만이라 생각하겠지만 상처받은 사람들의 가슴에 남은 응어리는 그런 형식적 사과로 풀리지 않습니다. 특히 강자가 아닌 약자의 입장에서는 더욱 상처를 보상받기 어렵습니다. 그러다 보니 "억울하면 출세하라."는 말이 회자하는 것이 아닐까요? 사회는 기본적으로 신뢰를 기반으로 작동되는 시스템입니다. 따라서 남을 의심할 때는 신중해야 합니다. 권력이 있거나 지위가 높은 경우에는 더욱 그렇습니다. 의심받고 있다는 생각이 드는 순간 팀워크는 끝납니다. 고객 역시 떠납니다. 남을 쉽게 의심하는 사람 곁에 과연 누가 남으려 할까요?

발규거직 拔葵去織
아욱을 뽑고 베틀을 버리다

공의휴(公儀休)는 뛰어난 재능과 학문을 바탕으로 노나라의 재상이 되었습니다. 그가 재상에 머무는 동안에는 모든 관리가 법을 준수하고 이치를 따르며 바꾸는 일이 없으므로 스스로 올바르게 처신했습니다. 나라의 녹을 먹는 자는 일반 백성과 이익을 다투지 못하게 했고 많은 봉록을 받는 자는 사소한 것도 받지 못하게 했습니다. 어느 날 그에게 누군가 생선을 보냈습니다. 그는 받지 않고 돌려보냈습니다. 그러자 그의 벗들이 "재상께서 생선을 좋아하셔서 보낸 것일 터인데 왜 받지 않으십니까?"라고 묻자 공의휴는 "생선을 좋아하기 때문에 받지 않았소. 지금 나는 재상 벼슬에 있으니 스스로 생선을 살 수 있소. 그런데 생선을 받고 벼슬에서 쫓겨난다면 누가 나에게 다시 생선을 보내주겠소. 그래서 받지 않았다오."라고 말합니다. 사기는 이렇게 기록했습니다.

> "텃밭에 아욱을 먹어보니 맛이 좋아 아욱을 뽑고
> 집의 베가 좋아 베를 못 짜게 하고 베틀을 버렸다.
> 농부와 장인의 물건을 염려했기 때문이다."
>
> 《사기(史記)》〈순리열전(循吏列傳_선량한 관리 다섯 명의 사적)〉

인생은 한 번으로 승부를 보는 마라톤이 아니다

공의휴가 어느 날 퇴청해서 돌아오니 아내가 평소에 그가 즐기는 아욱국을 끓여냈습니다. 맛이 좋아 허겁지겁 먹던 공의휴가 아내에게 어디서 난 아욱이냐 물었더니 오늘 처음으로 텃밭에서 딴 것이라 대답했습니다. 그러자 공의휴는 숟가락을 놓고 나가 아욱을 죄다 뽑아버렸습니다. 며칠이 지나서 아내가 여종과 함께 베를 짜고 있었습니다. 그 모습을 보던 공의휴가 아무 말 없이 베틀을 내다 버렸습니다. 아내가 화를 내며 따지자 "이렇게 베가 좋으면 장인들이 만든 베를 누가 사겠는가?"라고 대답했다는 이야기입니다. 부단히 자신을 경계했던 청백리淸白吏의 본보기입니다.

조그만 이익에 눈이 멀어 지금까지 쌓아놓은 평판을 허무는 경우를 많이 봅니다. 인생을 단판 승부 혹은 마라톤과 같은 한 번의 레이스로 승패가 결정된다고 생각하기에 벌어지는 일이라 생각합니다. 저는 인생이 끝나는 날까지 수없이 많은 레이스가 펼쳐지고 마지막 순간에 그 평균치로 평가받는다 생각합니다. 한두 번의 실패가 성적을 좌우하지는 않는다 생각하기에 실패를 빠르게 잊고 다음 레이스를 준비합니다. 하지만 부정한 처신으로 레이스에 참여할 자격까지 사라진다면 만회할 기회도 사라집니다. 약물복용이나 승부 조작에 가담한 프로선수들의 말로가 이를 웅변합니다.

부기미 附驥尾
천리마 꼬리에 붙다

사마천은 《백이열전(伯夷列傳)》에서 "백이와 숙제(叔齊)가 비록 현명하나 공자가 칭찬하는 말을 하고 나서야 세상에 이름이 드러났다. 안회(顔回)가 비록 학문에 독실하였지만, 파리가 천리마의 꼬리에 붙어 천 리를 갈 수 있는 것처럼 공자라는 천리마의 꼬리에 붙음으로써 그 품행이 더욱 나타나게 되었다."라고 썼습니다. 뛰어난 인물이라도 청운지사(靑雲之士)의 도움 없이는 후세에 남지 못한다고 합니다. 이후 《후한서(後漢書)》에 장창(張敞)이라는 인물이 자신의 천거를 부탁하며 쓴 편지에 더욱 또렷하게 그 의미가 드러납니다.

> "천리마의 꼬리에 붙으면 천 리 길도 쉽게 갈 수 있어
> 다른 무리보다 뛰어나게 된다.
> 그럼에도 천리마에게는 조금도 폐를 끼치지 않는다."
>
> 《사기(史記)》〈백이(伯夷_숙제와 더불어 중국 주나라의 대표적 성인)〉전

천리마 꼬리에 붙는 행운을 얻으려면

세상에 인재가 없는 것이 아니라 그 인재를 알아보는 이가 적다는 사마천의 탄식이 아닐까 싶습니다. 천리마의 꼬리에 붙어 달리는 파리가 얼마나 되겠습니까? 백이, 숙제처럼 죽어서 재조명되는 경우는 또 얼마

나 될까? 이런 질문을 받는다면 대부분은 거의 없다고 답하지 않을까요? 하지만 사람들은 희박하다는 사실을 알면서도 자신은 예외라 믿는 것 같습니다. 권력자 주변을 맴도는 정치 입문 희망자들이 그렇고 단편적인 지식으로 사람들을 선동하는 사이비 전문가들뿐만 아니라 혹시나 하는 마음에 회식 때 사장님 주변을 기웃거렸던 저 역시 그런 사람입니다.

홍보팀장 시절 회사 게시판에 글을 쓰기 시작했습니다. 계속 쓰면 누군가는 알아봐 주겠지 하는 마음에 시작했으니 처음 몇 해는 과장되고 허세 떠는 글을 쉽게 썼습니다. 하지만 제 글에 날카로운 비판이 달리고 술자리에서 후배들의 애정 어린 쓴소리가 쏟아지니 두렵고 힘든 일로 변해갔습니다. 그러다 문득 파리도 안회도 그 고단함을 견뎌냈기에 그런 기회를 얻은 것이 아닐까 생각했습니다. 비판은 아팠지만 받아들이기로 했습니다. 점점 단단해지는 글을 보면서 조금씩 나은 인간이 될 수도 있다는 믿음이 생기자 10년 1,000편의 글을 남기는 대장정을 마무리할 수 있었습니다. 그 무렵 제게도 천리마가 나타났습니다.

거기부정 擧棋不定
바둑돌을 들고도 포석布石할 자리를 못 정하다

기원전 548년 폭군이었던 위(衛)나라 헌공은 대부 손문자(孫文子), 영혜자(寧惠子) 등이 일으킨 쿠데타로 쫓겨나고 공손표(公孫剽)를 새로운 주군으로 모셨습니다. 그러나 죽음이 가까워지자 영혜자는 후회하며 아들 영도자(寧悼子)에게 제나라에 있는 헌공을 다시 맞아들이라는 유언을 남깁니다. 이 소식을 전해 들은 헌공은 자신이 복권하면 정치에 개입하지 않고 정권을 영도자에게 일임하겠다고 약속합니다. 마음이 솔깃해진 영도자는 다른 대신들과 상의하는데 모두 반대합니다. 그러나 아버지의 유지를 따르겠다며 헌공을 모시고 싶어 합니다. 태숙의(太叔儀)라는 대부가 반대하며 이렇게 말합니다.

> "바둑을 두는 사람이 바둑돌을 들고
> 둘 곳을 정하지 못하면 상대를 이길 수 없습니다.
> 하물며 군주를 폐하고 옹립하는 이런 큰 일을
> 바둑돌을 들고 주저하듯 처리한단 말입니까?"
>
> 좌구명(左丘明), 《춘추좌전(春秋左傳)》 〈양공(襄公_노(魯)나라 양공)25년〉

요행이나 바라는 하수下手로 취급받고 싶지 않다면

영도자는 헌공을 받아들입니다. 그리로 손문자와 공손표까지 모두 죽이고 권력을 독점합니다. 그러나 헌공이 누굽니까? 12년 뒤 태숙의의 예언대로 영씨 세력을 철저히 제거합니다.

　요즘은 예전만큼 인기가 높지 않지만 어릴 적 아버지께 바둑을 배웠습니다. 요순堯舜 시대 요임금이 어리석은 아들을 가르치기 위해 만들었다는 설이 있을 정도로 오랜 역사를 가졌고 가로 세로 19로路 361점은 곧잘 삶에 비유되니 모르면 무시당하는 취미였습니다. 바둑 초반에 이후 벌어질 전투를 대비해서 돌을 배치하는 것을 포석布石이라고 합니다. 중반 이후 정교한 포석을 뒀는지에 따라 대부분의 승패가 결정되므로 바둑을 배울 때면 수읽기, 사활 등도 필요하지만 포석이 우선합니다. 기본에 해당하는 포석할 자리를 정하지 않았으니 요행이 아니고서야 이길 방법이 처음부터 없었던 것입니다.

　하지만 현실은 바둑과는 닮은 듯 다릅니다. 한판으로 승부가 결정되는 것도 아니고 승부를 판단하는 계가計家는 생의 마지막에서나 가능하기 때문입니다. 그러나 "상대 손 따라 두면 진다."는 말처럼 상대방의 의도를 헤아리지 못하고 현상에 집착하면 이길 도리가 없음이나, 미래를 염두에 둔 계획과 같은 포석이 없다면 싸움 자체가 안 되는 것은 닮았습니다. 더는 인생의 포석을 미루지 마세요. 영원히 요행이나 바라는 하수下手로 취급받고 싶지 않다면 말입니다.

영업도, 인생도 시작은 자신을 돌아보는 것에서부터

저는 처음부터 영업직은 아니었습니다. 전 직장에서는 회계팀으로 시작했습니다. 아마도 제가 경제학과 출신이라 숫자를 잘 다룰 거라는 판단이었겠지만 대학 시절 《회계원리》조차도 겨우 낙제만 면했던지라 회계업무는 너무나 고역이었고 3개월 만에 퇴사했습니다. 곧바로 현대그룹 공채에 응시했고 운 좋게(IMF 이전이라 지금과 비교도 안 될 정도로 취업이 수월했으므로) 재취업에 성공했습니다. 신입사원 전체교육이 끝나고 부서 배치를 위해 인사팀장과 개별 면담이 있었습니다. 사번이 가장 빠른 제게 당시 인사팀장님은 "자네는 재개발팀이네."라고 말씀하셨고 저는 그저 "예."라고 대답함으로써 면담을 마쳤습니다. 그런데 다른 동기들(영업·관리직군 30명)에게는 "영업 갈래? 관리 갈래?"라고 물었고 다들 희망부서를 말했다고 했습니다. 면담이 모두 끝나고 인사팀장님께 다시 찾아갔습니다. 그리고 "다른 동기들은 희망부서를 물어보셨다는데 왜 저는 재개발팀으로 특정하셨냐?"고 물었더니 "널 꼭 보내달라는 팀장이 계셨고 그게 재개발팀이다."라는 답을 들었습니다. 당시 재개발팀은 1, 2팀으로 나눠 있었는데 선임팀인 1팀으로 우선 배치돼서 1팀장과 면담을 하게 됐습니다. (어떻게 제 능력을 알아보시고) 저를 지목했냐고 당돌하게 여쭸습니다. 그랬더니 팀장님 왈 "재개발은 아주 힘한 일이라 동기 중 가장 깡다구가 좋아 보이는 너를 보내 달라고 한 것"이라 말씀하셨습니다. 제 보잘것없는 스펙이 아니라 우락부락(?)한 외모 때문에 저를 선택했다는 얘기였습니다.

그 이후에도 외모와 관련된 에피소드는 계속 생겼습니다. IMF 사태로 새 아파트에 입주할 때 내야 하는 돈이 크게 늘자 흥분한 민원인들이 사무실로 찾아오는 일이 왕왕 있었습니다. 재개발 조합을 방문할 때마다 저에게 동행을 요청하는 소심하신 부장이 계셨는데 담당 사업지의 너덧 명의 민원인들과 맞닥뜨렸습니다. 여러 번 했던 듯 부장을 보자마자 거침없이 욕설을 섞어가며 소리를 질렀습니다. 지나가는 저를 본 부장이 자신의 곁으로 오라고 손짓해 다가서는 저를 힐끗 쳐다보고는, 다시 부장을 향해 "어디서 철거 깡패를 데리고 나타나면 내가 무서워할 것 같으냐?"며 고함쳤습니다. 심하다 싶어 제게는 눈길조차 주지 않으려는 민원인에게 "어머님, 그만 고정하세요."라고 손을 저으며 만류하자 갑자기 땅바닥에 주저앉아 "철거 깡패가 때리려고 한다."며 고래고래 소리를 질렀습니다. 헛웃음이 나왔지만 조심스레 민원인들을 달래서 돌려보냈습니다. 모든 과정을 지켜보던 선배가 웃음을 참지 못하며 "어이, 철거 깡패"라고 부르시는 것이었습니다. 그 뒤로 오랫동안 민원인들이 올 때마다 선배들은 "철거 깡패 어디 갔냐"며 저를 찾았고, 저는 외모 덕에 선배들과 스스럼없이 빠르게 조직에 융화될 수 있었습니다.

몇 년 더 지나고 순환 근무로 경영분석팀(리스크 매니지먼트를 주로 함)에서 근무할 때였습니다. 파트장 이상 보직자 전원에게 회사 발전을 위한 의견을 적고 팀 단위로 보고하라는 사장님의 지시가 떨어져, 파트장이었던 저 역시 리포트를 냈습니다. 당시 우리 팀에서 제출한 리포트가 뽑혔고 무기명이었던 터라 사장님께서 당연히 K 팀장이 작성한 리포트라 여기고 좋은 리포트였다고 K 팀장을 칭찬하자, K 팀장은 자신이 아니라 제가 썼다고 밝혔습니다. "강부장이 이런 글도 쓴다고?" 하며 놀라시자 K 팀장은 평소에 책을 많이 읽어서 그럴 것이라고 덧붙였더니 "걔가 술만 먹는 줄 알았더니 사람 다시 봐야겠네."라고 하셨다는 얘기를 듣게 됐습니다. 드디어 저는 '철거 깡패' 이미지를 벗어나 '보기와는 다른 사람'으로 평가받게 됐습니다.

저는 이런 평가를 싫어하지 않습니다. 반전의 매력이랄까 오히려 좋다고 생각합니다. 누군가 제게 "진국이다." "츤데레 같다."고 말해줄 때마다 속으로 쾌재를 부릅니다. 왜냐면 저는 보기와 다른 사람으로 살겠다는 약속을 오래전부터 해왔기에 그렇게 살기 위해 몇 가지를 꾸준히 실천해 온 효과겠구나 싶기 때문입니다.

스스로 다짐한 작은 습관 몇 가지 중 첫 번째 다짐은 일주일에 한 권 이상 책읽기입니다. 운전을 하지 않는 터라 주로 출퇴근 시간에 전철에서 읽습니다. 직장 생활을 시작하면서 시작한 습관이니 벌써 30년 가까이 보냈습니다. 일 년에 60권만 읽었다 치더라도 1,800권에 이르니 책벌레라는 소리를 듣기에는 턱없이 부족하지만 읽은 책 덕분에 무식하다는 소리는 면했으니 제게는 너무 소중한 자산이 됐습니다. 두 번째는 이 글을 쓰게 된 계기로 2014년 홍보팀장 시절 사내 게시판 활성화를 위해 시작한 글쓰기입니다. 일주일에 두 꼭지의 글을 쓰다 보니 일 년에 100여 편의 글을 올렸고 10년이 지난 2024년 1,000번째 글을 올리고 회사 게시판에 글 올리기를 마감했습니다(더이상 게시판에 글을 올리지는 않지만 꾸준하게 글을 쓰고 있음). 주변 동료들이 그간 잘 읽었다며 나중에 꼭 책으로 엮어보라는 격려가 모여 책을 쓰겠다는 용기를 낼 수 있었습니다. 이 외에도 몇 가지 소소한 다짐이 있지만 두 가지 실천을 30년과 10년이라는 제법 긴 시간 동안 꾸준하게 해온 덕에 저는 한 뼘 더 성장할 수 있었습니다.

　책의 첫 꼭지를 자신과의 약속으로 정한 이유도 남과의 약속보다 자신과의 약속을 철저히 지켜야만 인간으로서의 품위를 잃지 않는다고 믿기 때문입니다. 자신에게 느슨한 사람이 남에게 관대한 경우가 있을 수는 있겠지만 대부분은 남에게 가혹합니다. 자신은 지킬 생각이 없는 원칙과 기준을 말하면서 남에게만 강요하는 리더도 많이 봐왔고 자신의 원칙을 허물고 불의에 타협하거나 유혹에 넘어간 선배도 많았습니다. 돈도 권력도 있었지만 이들의 생명력은 결코 오래 가지 않았습니다. 그런 선배들은 퇴직 후 찾아오면 후배들은 반갑게 맞아주지 않을 뿐 아니라 식사나 하자는 요청도 냉정하게 거절했습니다. 영업을 하면서 수많은 사람을 만났습니다. 그중 여전히 기억에 남거나 여전히 연락하는 사람을 떠올리면 그들은 자신과의 약속, 자신이 천명한 원칙을 지키는 사람이라는 공통점이 있었습니다.

　그들을 닮고 싶었습니다. 어찌어찌 지금까지는 큰 실수 없이 지켜왔지만 그렇다고 앞으로도 항상 지켜질 것이라 단정할 수는 없습니다. 왜냐하면 자신과 타협해 그간의 노력이 모두 물거품으로 만든 실수를 되풀이해왔기 때문입니다. 학창 시절 '이 정도면 되겠지' 하며 책을 덮으면 시험성적은 늘 낙담을 주었고, 영업을 하면서도 프로젝트를 실패한 경우는 여지없이 경쟁 프리젠테이션 준비를 적당히 했을 때였습니다. 보고서를 여러 번 검토한다고 했지만 틀린 숫자가 보이고 오탈자를 지적받으면 적당히 해도 남들은 모르겠지 하면서 은근슬쩍 넘기려던 자신을 발견합니다. 변명의 여지 없이 다 제 탓입니다. 고스란히 제가 감당해야 하는 아픔이었습니다. 경력이 쌓이고 리더가 되고부터는 더 쓰라립니다.

핑계를 대며 누더기가 된 원칙과 기준을 후배들은 금방 알아차립니다. 조직원이 따르지 않는 리더는 권위를 잃으니 실적도 평가도 엉망이 됩니다. 하지만 조직원을 원망해본들 소용이 없습니다. 자신을 채찍질해야 하는 아프고 외로운 일이 남을 뿐입니다. 부모님에게 한 번도 맞아본 적이 없는(제가 착해서가 아니라 부모님은 제 형제 모두에게 매를 들지 않으심) 저였지만 실수를 후회할 때마다 자신에게 회초리를 꺼내게 됩니다. 아직은 현업에서 활동하고 있으니 그 결과를 평가받기에는 이릅니다. 다만 도시정비 분야라는 특수분야지만 나름 전문가 소리를 듣게 되면서 실수투성이 인간이었으나 그나마 품위를 지키며 살아가려 했던 제 경험이 여러분에게 조금이라도 도움이 됐으면 하는 마음에서 '자신을 가을 서릿발처럼 대해야 하는 이유'로 글을 열었습니다. 결코 제 경험이 훌륭하거나 좋다는 자랑으로 오해하지 않으셨으면 하는 바람까지 담아.

2부

동구
冬裘

겨울 가죽옷처럼 격에 맞는 것은 갖춰야[3]

3 한유韓愈, 〈원도原道〉〈하갈동구夏葛冬裘〉에서 따옴

교지졸속 巧遲拙速
교묘하지만 우물쭈물하고 어설프지만 빠르다

《손자병법》《작전作戰》편은 영문으로 On waging battle로 번역합니다. 전쟁을 치르는 데 있어서의 경제성에 대해 언급하면서 전쟁의 속전속결을 강조하며, 물자를 절약하기 위해 적의 것을 빼앗아 사용하는 등의 방식을 언급합니다.
"전쟁은 이길지라도 오래 끌면 병사들은 지치고 날카로움이 꺾여서 전의를 다하게 되니 곧 국가의 재정이 부족해진다. 또 그 틈을 타 옆 나라에서 공격하게 되면 비록 지혜가 있는 사람이 있을지라도 그 어려움을 수습하기 어렵다."며 이렇게 덧붙입니다.

> "전쟁을 서툴더라도 빠르게 해야 한다는 말은 들었어도 교묘해서 오래 끈다는 것은 알지 못한다."
>
> 손무(孫武),《손자병법(孫子兵法)》〈작전(作戰)〉편

The way to get started is to quit talking and begin doing

흔히 현실을 전쟁이라고 합니다. 전쟁의 승패는 결단에 달려있습니다. 살아가는 매 순간 결단을 요구받기에 그렇게 표현했을 것입니다. 결단은 책임을 요구합니다. 빠른 결단은 무모함과 달리 실패를 대비한 플랜 B가 있음을 의미합니다. 이와 달리 신중함도 우물쭈물과 다릅니다.

우물쭈물함은 시도할 기회조차 놓쳤다는 뜻이고, 신중함이 최종 목표인 완벽한 기회를 잡는 것은 불가능의 영역에 가깝습니다. 그래서 한 번의 기회에 성공시키지 못하면 회복할 시간조차 없습니다. 재도전의 기회를 갖는 빠른 실패가 낫다고 말하는 것은 이런 이유입니다.

넘어지지 않고 걸음마를 배우는 아이는 없습니다. 넘어져 봐야 얼마나 아픈지 알게 되고 다시는 넘어지지 않으려 노력합니다. 부족함이 성공하려는 마음을 이끄는 기폭제가 되는 것입니다. 넘어지는 것을 두려워하지 말고 기회조차 잡지 못하는 것을 두려워하세요. 인생은 삼세번의 기회가 있는 것이 아니라 준비한 만큼 기회가 생기는 법이니까요. 월트 디즈니가 조언합니다. "The way to get started is to quit talking and begin doing." 시작하는 방법은 그만 떠들고 행동부터 하라고.

빙산난고 氷山難靠
빙산은 (녹아버리니) 오래 기대기 어렵다

당나라 현종이 며느리 양옥환(楊玉環)을 총애하여 아내로 삼으니 그가 바로 양귀비(楊貴妃)입니다. 당시만 하더라도 한 사람만 득세하면 주변 사람이 모두 덕을 보니 요즘 표현으로는 '친양(親楊)' 세력이 생겨납니다. 그중의 핵심이 사촌오빠였던 양국충(楊國忠)이라는 인물입니다. 당시 재능은 있었으나 기회를 얻지 못했던 장단(張彖)이란 선비가 있었는데 그를 안타까이 여긴 친구들이 양국충을 찾아가 청탁을 하면 벼슬을 얻을 거라고 권하자 거절하며 이렇게 말합니다.

> "여러분은 그를 태산으로 여길지 모르나
> 내 눈에는 빙산으로 보일 뿐이요.
> 만약 해가 뜨면 여러분이 태산이라 여겼던 것이
> 녹아 없어지고 말 것이요."
>
> 사마광(司馬光), 《자치통감(資治通鑑)》〈당기(唐紀)〉

유혹에 흔들리고 있다면

양국충이라는 쉬운 방법을 거부한 장단에 대해서 여러분은 어떻게 생각하시나요? 기개가 있다는 분도 있을 것이고 고생을 사서 한다고 안타까워하시는 분도 있을 겁니다. 옳고 그름을 말하기 전에 개인의 선택은 각자의 소신과 관련된 문제이니 따로 언급하지는 않겠습니다. 다만 왜 그런 선택을 고민하는지 생각해봤으면 좋겠습니다. 원칙과 소신을 지키며 사는 길은 대부분 춥고 배고픈 길이고, 신념을 꺾고 부귀영화와 타협한 사람을 자주 봐온 저로서는 여전히 유혹에 흔들리고 있습니다. 나 혼자면 그래도 나으련만 가족은 무슨 죄가 있어서 배고픔을 감내해야 하냐는 주변의 말은 흔들리는 저를 더욱 부추깁니다.

얼마 전 같이 근무하다 개인사업을 한다며 퇴사한 후배가 기별해 왔습니다. 개인사업은 접었고 지방에 있는 공장에 다니다 보니 연락이 뜸했다면서 소주 한 잔 사달라고. 문과 출신인 그가 왜 공장에 다닐까 의아했지만 배울 점이 많은 후배여서 회사 근처에서 만나자 했습니다. 취기가 살짝 올라올 즈음 공장 생활은 어떠냐고 물었습니다. "보잘것없어 보이지만 정직하게 땀 흘리는 동료들 앞에서 돈! 돈! 돈! 했던 지난날을 많이 반성했고 앞으로는 그분들을 거울삼고 살겠다."는 그의 대답에 어이쿠 하는 신음이 터졌습니다. 취했지만 빛나는 후배의 눈을 보고 있자니 나는 왜 저러지 못할까? 한없이 초라했습니다.

삼함기구 三緘其口
입을 세 번 꿰매다

공자가 주(周)나라의 시조인 후직(后稷)을 모신 사당에 갔을 때입니다. 사당의 오른쪽 돌계단 앞에 금으로 만든 사람 상(像)이 있었는데 가만히 보니 입이 세 바늘이나 꿰매져 있었습니다. 괴이하게 여긴 공자가 그 뒤를 보니 거기에 이런 문구가 새겨져 있었습니다.

"옛 사람의 경계의 말이니 경계하고 또 경계하라.
말을 많이 하지 마라. 말이 많으면 일을 그르친다.
많은 일을 욕심내지 마라. 일이 많으면 근심도 많다."

미상, 《공자가어(孔子家語)》〈관주(觀周_주나라를 돌아보다)〉편

침묵은 머리로 배울 수 있는 것이 아닙니다

입을 다문다는 뜻으로 함구緘口라는 표현을 씁니다. 아마 여기서 유래된 것은 아닐까 혼자 생각해봤습니다. 저는 예나 지금이나 말이 많습니다. 호언장담豪言壯談도 수없이 해왔습니다. 얄팍한 지식을 과장할 때도 그랬고 알량한 능력을 과시할 때도 그랬습니다. 하지만 곧 밑천이 드러

나니 결과는 늘 참담했습니다. 차라리 입 다물고 있었으면 그런 창피는 안 당했을 텐데 하며 후회해본들 이미 늦었습니다. 그러다 보니 아예 입 다물고 살 수는 없을 것 같고 말수를 줄여보려고 하는데 그것도 잘 안 됩니다.

서너 살 때 배운 말은 금방 배운 것 같은데 침묵을 배우는 것은 수십 년을 노력해도 여전히 요원합니다. 침묵은 머리로 배울 수 있는 것이 아닌가 봅니다. 신중하게 생각하면 자연스럽게 말수를 줄일 수 있다던데 저는 생각이 많아지면 하고픈 말이 더 많아지니 참 환장할 노릇입니다. 그래서 아예 말할 자리를 피하게 됩니다. 나이를 먹고서는 불러도 안 가게 되는 곳이 많아진다던 아버지 말씀을 불과 얼마 전에야 어렴풋이 이해하기 시작했습니다.

당단부단 반수기란
當斷不斷 反受其亂

잘라야 할 때 자르지 못해 도리어 위험에 빠지다

제나라 맹상군, 조나라 평원군, 위나라 신릉군, 그리고 초나라 춘신군을 전국사군자(戰國四君子)라 부릅니다. 그중 춘신군의 최후가 가장 비참합니다. 춘신군은 진나라에 볼모로 갔다가 모셨던 태자를 탈출시켜 왕에 오르게 하고 자신은 재상에 오릅니다. 재상으로 나라 안팎을 잘 다스리던 중 식객 이원(李園)이라는 자의 누이를 후궁으로 추천합니다. 이원의 누이가 왕의 총애를 받자 이원도 권세를 부리기 시작합니다. 이를 지켜보던 춘신군의 가신 주영(朱英)이 이원을 제거하자고 건의하지만 춘신군은 이원을 얕잡아보고 무시합니다. 얼마 후 왕이 죽고 장례식에 가던 춘신군은 이원이 보낸 자객에게 죽임을 당하고 그의 식솔들도 모두 희생됩니다. 사마천은 그의 죽음을 평가합니다.

> "속담에 '잘라야 할 때 자르지 못하면
> 도리어 위험에 빠진다'고 했다.
> 춘신군이 주영의 말을 듣지 않았기 때문이다."
>
> 《사기(史記)》〈춘신군(春申君)〉편

결단은 핑계를 끊어내는 능력입니다

할까? 말까? 하면 하라는 말이 있습니다. 실패하더라도 만회할 기회라도 있지만 해보지 않고 놓치면 했어야만 했다는 후회만 남기 때문입니다. 춘신군은 정적을 없앴다는 말이 돌면 명망가로서의 명성에 흠이 갈 것을 걱정했기에 망설였습니다. 하지만 반대로 이원은 먼저 죽여야만 자신이 살아남을 수 있다고 생각했을 것이고 빠르게 실행했습니다. 결단의 여부가 둘의 생사를 갈랐습니다. 정몽주를 시해한 이방원의 결단이 그랬고, 루비콘강을 건너는 카이사르의 다짐이 그랬습니다. 결단은 핑계를 끊어내는 능력입니다. 변명의 여지가 없어야 합니다. 학벌이 변변치 못해서, 금수저가 아니라서, 시골 출신이라서 등등 여러 가지 변명이 통하지 않는 곳이 프로의 세계입니다. 실력으로 진검승부를 다투는 곳, 경쟁자가 더 강해지기 전에 자르지 못하면 나중에는 내가 잘린다는 생각으로 도전해야 살아남을 수 있는 곳이 바로 영업입니다. 영원한 승자도 영원한 패자도 없는 정글 같은 세상에서 강한 자가 살아남는 것이 아니라 살아남은 자가 강한 것임을 잊지 않으시길.

원두활수 源頭活水
발원지에서 쉬지 않고 물이 흐르다

주희(朱熹)는 남송(南宋) 때 사람으로 성리학의 대가입니다. 우리나라에도 절대적인 영향력을 행사했던 인물로 후대 사람들은 공자에 버금간다고 주자(朱子)라는 존칭을 사용하기도 했습니다. 그의 나이 37세 때 책을 읽다가 감흥이 일어 두 수의 시를 짓는데 그것이 관서유감(觀書有感)입니다. 조그마한 네모 연못이 거울처럼 깨끗하니 햇빛이 빛나고 구름 그림자가 떠다니는 모습을 봅니다. 이에 마치 주자가 물으니 연못이 답하는 듯한 문답이 시로 옮겨집니다.

> "어떻게 하여 너는 이렇게 맑을 수가 있는가?"
> "발원지[發原地]에서 쉬지 않고 물이 흐르기 때문이지."
> 주희(朱熹)의 시 〈관서유감(觀書有感)〉 첫 수

알고리즘이라는 오염된 필터를 바꿔야

가둬놓은 물은 반드시 썩고 쓰임도 끝납니다. 그걸 살리려면 새 물이 필요합니다. 사람 사는 방법도 크게 다르지 않습니다. 늘 새로운 것으로 낡은 것을 바꿔야만 생명력을 지킬 수 있습니다. 그렇다면 우리 삶에서 새로움을 공급해주는 근원은 무엇일까요? 아마도 부지런히 책을 읽는

다든지 아니면 강의를 열심히 보고 들으면 되지 않을까 생각하기 쉽습니다. 하지만 최근 알고리즘의 영향으로 전혀 다른 고민을 합니다.

서점에서 책을 사던 시절 이 책 저 책 뒤적이다 고르는 건 많은 시간과 노력이 필요해도 낯설고도 설레는 경험이었다면 알고리즘이 책도 추천하고 강연도 추천해주니 편하지만 비슷한 것만 선택하게 되는 편향이 강해졌습니다. 유연해지는 게 아니라 경직되는 것 같아 걱정이 앞섭니다. 오염된 필터를 통해 들어온 물은 전혀 정화작용을 못 하는 셈이니 더는 오염된 필터를 놔둘 수 없었습니다. 다시 신문이나 지인들의 추천을 받으면서 더는 알고리즘 추천도서를 사지 않습니다. 유튜브도 알고리즘을 배제하는 기능을 쓰는 등 낯설고 불편하지만 설레는 일에 재도전 중입니다.

심원의마 心猿意馬
마음은 원숭이 같고 생각은 말과 같다

원숭이는 잠시도 가만 있지 못하고 촐랑대 마음이 이랬다저랬다 합니다. 말은 뛰고 싶은 마음에 뜻은 가만히 한 곳에 있지 못하고 여러 갈래로 오갑니다. 근심 걱정에 사람 마음이 안정되지 못함을 비유하는 표현입니다. 선승(禪僧)이 마음의 본질을 이르는 말로도 쓰이고 유가(儒家)에서는 처음 공부하는 사람의 마음가짐을 경계하는 말로도 자주 사용됩니다. 그중 후한(後漢) 위백양(魏伯陽)이라는 사람이 쓴 것으로 알려진 《주역참동계(周易參同契)》는 이렇게 전합니다.

> "오랫동안 정숙하게 배우고 익히며 끊어짐이 없어야
> 비로소 공부가 된다.
> 그렇지 못하면 날뛰는 원숭이처럼 마음이 안정되지 않고
> 뜻은 사방으로 내닫는 말처럼 되어 원기가 어지러이 흩어지고
> 욕망이 뭉치게 되니 이 어찌 어려운 일이 아니겠는가?"
> 후한(後漢)시대 도가 철학자 위백양(魏伯陽), 《주역참동계(周易參同契)》

의지력이 부족하다고 느끼신다면 체력부터 확인하시길

시험을 앞두고 책상에 앉기만 하면 온갖 잡생각에 집중하지 못했던 기억은 누구나 있을 겁니다. 그러면 창문을 열고 바람을 쐬면서 마음을

다잡는 이도 있고, 나는 왜 이 모양이지 자책하거나 저처럼 에라 모르겠다며 책을 덮는 이도 있었을 겁니다. 저는 늘 의지가 부족하다며 자책했습니다. 성인이 돼서도 여전히 마음속에서는 감정과 욕망이 충돌했습니다. 더욱이 이러다간 완전히 망가지겠다 싶어 통제하려는 생각까지 뒤섞이니 더 복잡해졌습니다. 이런 제게 누구는 신앙을 권했고 전문가와의 상담을 권유받기도 했습니다. 하지만 심리학에 관심을 가지면서 의지는 화수분처럼 아무 때나 원한다고 무한정 꺼내 쓸 수 있는 것이 아니며 배터리처럼 충전해야 하고, 100% 방전되면 교체할 수도 없으니 세심한 관리가 필요하다는 걸 배웠습니다.

쉴 때 제대로 쉬고 골고루 먹고 운동은 거르지 않으면서 체력을 유지해야 필요한 순간 의지력도 제대로 발휘된다는 뜻이었습니다. 2002년 월드컵 한국축구대표팀을 이끈 히딩크 감독은 좋은 본보기입니다. 당시 "후반전에 약하다."는 국가대표팀에 대한 평가를 "체력이 약해서" 그런 것으로 진단해 체력강화에 우선했고 강한 체력을 무기로 경기가 끝날 때까지 상대를 몰아붙여 4강 신화를 이뤄냈습니다. 저 역시 같은 진단을 내립니다. 의지력이 부족하다고 느끼신다면 우선 체력부터 확인하시라고.

동물 관상觀相

영화《관상》에서 관상쟁이(송강호)가 김종서(백윤식)의 집에 들어서는 수양대군(이정재)을 보고서 자신이 사람을 잘못 봤음을 깨달으며 '남의 약점인 목을 잡아 뜯고 절대로 놔주지 않는 잔인무도한 이리상'이라고 생각하는데 대뜸 수양대군이 관상쟁이를 보고 "내가 왕이 될 상인가?"를 되묻자 말을 잇지 못하는 장면을 기억하실 겁니다.

지금도 회자 될 정도로 인기를 끌어서인지 요즘 예능프로그램을 보다 보면 심심치 않게 관상을 동물에 비유해서 풀이하는 경우가 나오고, 캡처한 사진을 올리면 동물상 테스트를 해주는 AI까지 등장했으니 심심풀이 삼아 한 번쯤은 난 어떤 동물상일까 관심을 가질 만합니다.

2017년부터 2019년까지 중앙일보에 《박재권의 관상·풍수코너》라는 연재물이 있었는데 이를 묶어서 《동물관상으로 사람의 운명을 본다》라는 책으로 출간된 적이 있습니다. 그 책에는 BTS 7명의 관상도 설명되어 있었는데 리더 RM은 표범상, 진JIN은 꽃사슴상, 슈가SUGA는 고양이상, 제이홉J-hope은 다람쥐상, 지민은 매상, 뷔V는 시베리안 허스키상, 정국은 양羊상으로 표현해 놓은 것이 재밌었습니다.

대학 동창들은 지금도 저를 '살찐 여우'라고 부릅니다. 아무리 봐도 닮기는 여우보다는 곰에 가까운데 아마도 눈치가 빠르다는 뜻이겠거니 싶어 이유를 묻지는 않았습니다. 관상은 마음가짐에 따라 변하는 것이겠거니 생각하니 지금 보는 관상은 지금의 마음가짐이라 생각하게 됩니다.

마음이 시달려서 괴로운 마음

煩惱

잠시도 마음의 생각을 가라앉히지 못하는
경망한 원숭이와 날뛰는 말에 비유되는 번뇌煩惱.

생김새가 아니라 욕망 때문에 마음이 들썩이고
행동이 아니라 집착 때문에 생각이 날뛰는 것이니
욕망과 집착을 제대로 인식하지 못하고서는
번뇌를 벗어나려는 첫걸음조차 디딜 수 없습니다.

관상은 현재를 진단할 뿐 번뇌를 없애주지 않으니
마음속 똬리를 튼 욕망과 집착을 담담히 수용하면서
명상 등 감정에 휩쓸리지 않는 연습부터 시작하시죠.

心(마음 심)

猿(원숭이 원)

意(뜻 의)

馬(말 마)

반근착절 盤根錯節
얽히고 설킨 뿌리와 마디

후한(後漢)에는 14명의 황제 중 12명이 스무 살도 안 된 어린 나이에 즉위했습니다. 당연히 어머니인 태후(太后)의 섭정으로 외척(外戚)의 폐해가 컸습니다. 상제(殤帝)가 즉위 백일 만에 죽자 13세 나이에 즉위한 안제(安帝)도 그중 한 명입니다. 어머니 등태후(鄧太后)와 외삼촌인 대장군 등즐(鄧騭)의 국정농단이 심했습니다. 우후(虞詡)라는 신하가 이를 비판하다 등즐의 미움을 받고 지방 반란을 평정하라는 무리한 명을 받습니다. 그때 등즐의 계략임을 알았기에 사람들은 모두 걱정했지만 오히려 당사자인 우후는 담담하게 지인들에게 말했습니다.

> "걱정하지 마시게.
> '얽히고 설킨 뿌리와 마디'에 부딪쳐보지 않고
> 칼날이 예리한지 무딘지 어찌 알겠소?"
>
> 범엽(范曄), 《후한서(後漢書)》〈우부갑장열전(虞傅蓋臧列傳)_우후/부섭/갑훈/장홍 열전〉

순간의 선택이 평생을 좌우합니다

우후가 만약 명령을 거부했거나 등즐과 타협했다면 사마천은 기록하지 않았을 겁니다. 무리한 명령임을 알고서도 받아들인 우후의 이야기는 해피엔딩이었습니다. 반란을 평정하고 주변의 우려를 말끔히 씻어냅니다. 누구도 일부러 어렵고 복잡한 삶을 원하지는 않지만 우리네 삶은 자주 엉킵니다. 풀었다 싶었는데 다시 엉키기를 반복하는 삶을 마주하면 먼저 원망부터 하게 됩니다. 우후 역시 지방으로 떠나면서 왜 그런 원망이 없었겠습니까? 그러나 그는 상황을 부정하는 것이 아니라 받아들이는 것으로 문제를 풀었습니다. 즉 스스로 선택하고 결과 역시 받아들이겠다는 마음이 그를 성공으로 이끌지 않았을까요?

저 역시 입사하면서 당시 기피부서였던 재개발팀에서 직장 생활을 시작했습니다. 제 선택은 아니었습니다. 본사에서 일하는 동기들과 달리 매일 조합을 찾아다니면서 소위 술상무 역할에 고달팠습니다. 그러나 받아들이자 삶이 달라졌습니다. 30여 년을 쓴맛 단맛 다 느끼며 한길로 걸었더니 어느 순간 전문가 소리를 듣습니다. '기왕 이렇게 된 거 최고가 되겠다'던 다짐이 현실이 된 것입니다. 돌이켜보니 "순간의 선택이 평생을 좌우한다."는 카피는 사실이었습니다.

임사이구 臨事而懼
일을 앞두고는 두려운 마음이 있어야 한다

공자가 안회(顔回)에게 말했습니다. "세상에 쓰인다면 행(行)하고, 버려진다면 숨어 지내야 하는데 오직 너와 나만이 이런 면을 갖추고 있구나." 이때 자로가 "만일 스승님께서 삼군을 통솔하신다면 누구와 함께하시겠습니까?"라고 묻자 공자가 답합니다.

> "맨손으로 호랑이를 때려잡고 맨몸으로 강을 건너려 하여
> 죽어도 후회할 줄 모르는 사람은 나와 함께할 수 없을 것이니,
> 반드시 일에 임하여서는 두려워하고 계획을 잘 세워
> 마침내 일을 성공으로 이끄는 사람과 함께할 것이다."
> 《논어(論語)》〈술이(述而)_글을 쓰는 입장인 述而不作의 앞 글자〉편

놓쳤을지도 모를 1%의 실패 가능성은 뭘까?

일을 앞두고 두려움을 느낀 적 있나요? 일 년에 열 몇 번씩 입찰을 하는 저는 두렵다기보다는 긴장하는 편입니다. 혹시 제안을 잘못 썼다면, 상대방이 더 좋게 제안했다면, 제안을 조합원들이 이해하지 못했다면 등등 꼬리에 꼬리를 무는 걱정으로 심장은 터질듯합니다. 결과를 발표하기 직전 최고조에 이른 불안함은 30년이 다 되도록 여전히 피하고만

싶습니다. 분명 입으론 좋은 결과가 있을 거라 말하지만 머리는 놓쳤을지도 모를 1%의 실패 가능성은 뭘까 거의 진공상태가 돼버리니 다시는 불안해지지 말자는 생각에 입찰 전 긴장을 늦출 수 없습니다.

실패를 좋아할 사람은 없습니다. 그래서 일에 임해서는 "최선을 다하겠다."며 다짐을 밝힙니다. 하지만 최선이라는 말에는 혹여 실패하더라도 책망하지 말아 달라는 뜻까지 담고 있다고 생각해서 저는 "꼭 하겠다." "반드시 하겠다."는 말처럼 약간의 여지마저 없애버린 답을 즐겼습니다. 성공하면 별 상관없지만 실패했을 때는 가혹했습니다. "너무 건방지다." "하룻강아지처럼 범 무서운 줄 모르더니."라며 조롱 일색입니다. 그럴 때일수록 화가 났습니다. 저를 욕하는 이들이 아니라 왜 1%의 실패 변수를 고려하지 못했는지. 무패가도를 달린 적도 없지만 입찰할 때만큼은 '전승불패'의 주인공인 양 모든 상황을 고려하려고 합니다. 불가능하다는 걸 모르지 않지만 불안함, 두려움 같은 감정을 느끼고 싶지 않기에 지금도 불가능에 도전합니다.

전패필어시 顚沛必於是
넘어지는 순간에도 반드시 지켜야 한다

공자(孔子)는 제자들에게 정당한 방법으로 얻은 부가 아니라면 누리지 말아야 하며 정직하게 살았으나 가난하다면 이는 받아들여야 한다고 가르쳤습니다. 그러면서 군자가 인(仁)을 버린다면 어디에서 군자라고 부를 근거를 찾을 수 있겠냐면서 다음과 같이 말합니다.

> "군자는 한 끼 밥을 먹는 동안에도
> 인을 어기지 않아야 하는 것이니,
> 다급한 순간에도 반드시 (仁을) 지키고
> 넘어지는 순간에도 반드시 (仁을) 지켜야 한다."
> 《논어(論語)》〈이인(里仁_마을의 '어짊'을 말하다)〉 편

하늘도, 땅도, 나도, 너도 아니 세상에 비밀은 없다

영업 현장을 전쟁터에 비유하곤 합니다. 실적으로 모든 것을 말하니 성패가 갈리는 일에는 부정한 방법을 써서라도 성공시키고픈 유혹에 흔들리곤 합니다. 학창 시절 시험시간에 컨닝을 할까 말까 고민하듯 들키지만 않으면 된다는 생각에 리베이트를 할까 말까 망설였던 적이 한두 번이 아닙니다. 하지만 선택하지 않았고 그때로 돌아가더라도 선택은

같을 겁니다. 비리와 관련된 소문은 결국 제보로 이어지고 조사와 처벌이라는 비극적인 마무리를 맞는 일을 여러 차례 목격했기 때문입니다. 특히 정비사업은 설마 하면서 뇌물수수 등 비리에 연루되는 순간 이미 개인은 범죄자로서 신세를 망치는 건 물론이고 사업까지 망쳐 선의의 피해자를 만드는 등 사회적 물의를 일으키는 경우가 빈번합니다.

그래서 동료들과 "우리는 교도소 담장 위를 걷는 심정으로 영업해야 안전하다."고 자조 섞인 농담을 하기도 하고 직원들에게도 법의 테두리를 넘어서는 안 된다고 늘 강조하게 됩니다. 누군가는 이런 변명을 할지도 모르겠습니다. 정상적으로 영업해서 쉽게 풀린다면 누가 그렇게 하겠냐고, 위급하고 불안하니 궁여지책窮餘之策으로 그리하는 거라고. 사지四知라는 말이 있습니다. 천지天知, 지지地知, 아지我知, 자지子知. 하늘도 알고 땅도 알고 나도 알고 너도 아니 세상에 비밀은 없습니다.

대간사충 大奸似忠
아주 간사한 사람은 충신과 흡사하다

송(宋)나라 6대 황제 신종(神宗)은 19세의 나이에 즉위했으나 아버지 영종(英宗)이 이루려던 개혁을 계속하기로 하고 왕안석(王安石)을 재상으로 등용합니다. 왕안석이 개혁을 완수하고자 조세제도 등을 혁파한 신법(新法)은 기득권층의 강력한 반발에 직면합니다. 가장 대표적으로 반발한 인물 중에 지금으로 치면 검찰 지검장쯤 되는 여회(呂誨)가 있습니다. 그는 왕안석과 그가 추진하는 신법에 대해 신랄하게 비판하고자 상소문을 올리는데 이렇게 시작합니다.

"아주 간사한 사람은 충신과 흡사하고
큰 속임수는 사람들에게 오히려 믿음직해 보입니다."
원(元)나라 사관 토크토아, 《송사(宋史)》〈여회(呂誨)〉전

쉰이 넘었어도 한 길 사람 속은 여전히 모르겠더라

사람을 잘 알아보는 능력을 지인지감知人之感이라고 합니다. 그런 능력을 갖추려면 통찰력洞察力을 가져야 한다고 말합니다. 얼마 전까지 통찰의 한자를 通察로 알고 지냈습니다. 하지만 그 뜻은 처음부터 끝까지 훑어본다는 뜻이고 사물을 꿰뚫어 본다는 뜻으로 쓰이는 한자가 洞察임을 알게 됐습니다. 그런 통찰력이 꼭 필요한 곳이 영업입니다. 영업은

사람과의 만남이 핵심이지만 "열 길 물속은 알아도 한 길 사람 속은 모른다."는 말처럼 믿었던 사람에게 속아 일을 망치는 경우를 당하면서 통찰력의 부재를 뼈아프게 느꼈습니다.

신영복 선생의 글에서 불혹不惑을 정언명제로 읽어야 한다며 "마흔 정도 되면 저절로 의심이 사라지는 불혹의 경지에 이르는 것이 아니라 사리事理 일의 이치를 깨닫고 분별해 거짓에 휩쓸리지 않는 불혹不惑을 실천할 나이"라는 글을 읽다가 "이왕 거짓말을 하려면 큰 거짓말을 하라."며 사람들이 작은 거짓말보다는 큰 거짓말을 더 믿고 싶어 한다는 히틀러의 문장이 오버랩된 적이 있습니다. 즉 부자로 만들어주겠다는 큰 거짓말에 속지 않으려면 세상을 통찰하면서 사리를 분별해야 하는데 마흔 정도 됐다고 저절로 갖춰지는 건 아닐 테니 꾸준히 노력해서 마흔 정도면 갖춰야 하는 것 아니냐 하고 꾸짖는 듯 여겼습니다. 곧바로 '난 쉰도 넘었는데?'라는 생각에 자연스레 "아!" 탄식이 터졌습니다.

파옹구아 破甕求兒
독을 깨 아이를 구하다

동시대의 인물로 개혁파 왕안석이 있다면 보수파에는 사마광(司馬光)이란 인물이 있었습니다. 그는 《자치통감(資治通鑑)》의 편저자로 유명한데 정치적 입장은 왕안석과 정반대여서 왕안석이 실각되자 개혁을 추진하기 위한 신법을 모두 폐지한 인물입니다. 그에 대한 평가는 다양하지만 어릴 적부터 지혜가 남달랐음에는 모두 동의합니다. 그가 예사 인물이 아님을 보여주는 일화가 있습니다.

> "사마광이 일곱 살 때 친구들과 놀다가
> 한 아이가 들에 있던 큰 물독에 빠졌다.
> 겁이 난 아이들은 달아나버렸지만
> 어린 사마광은 큰 돌을 가져와 독을 깨뜨리니
> 물이 구멍으로 쏟아져 죽지 않고 살아났다."
>
> 원(元)나라 사관 토크토아, 《송사(宋史)》〈사마광(司馬光)〉전

No prejudice, no routine, no limit, no arrogance

창의성을 특별한 재능이라 여깁니다. 그래서 타고나는 것이고 키울 수 있다고 해도 어릴 적이 아니면 이미 늦었다고 생각하는 사람이 대부분입니다. 하지만 제 생각은 조금 다릅니다. 변화가 필요할 때 창의가

필요하고 올바른(?) 변화를 만들려는 용기를 먼저 내야만 창의력이 발휘될 수 있다고 말입니다. 즉 창의적이어서 변화하는 것이 아니라 제대로 바꾸겠다는 마음이 창의력을 끌어올리는 것이라고. 당연히 나이나 타고난 재능과는 무관한 것이라고.

우리 대부분은 사마광을 제외한 아이들처럼 도망가기 바쁩니다. 그러면서 아이를 구한 사마광의 영리함을 칭찬합니다. 저는 사마광의 비범함보다 친구를 구하겠다는 용감함을 더 칭찬하고 싶습니다. '편견에, 관성에, 한계에, 오만함에 도전하는 용기를 내는 것'이 '창의성'이겠구나 생각했습니다. 솔직히 말씀드리면 이 문장은 제 창작이 아닙니다. 얼마 전 지하철에서 본 홍대 미대 과잠에 새겨진 문구를 좀 바꾼 것입니다. "no prejudice, no routine, no limit, no arrogance. OK! Artist" 보자마자 "와우!" 감탄했습니다. 정리되지 못하고 겉돌던 창의성에 대한 정의를 한 방에 해줬으니까요. 그러면서 대학 졸업 무렵 "Break the Wall"을 새긴 티셔츠를 입고 총학생회 선거를 치렀던 옛일이 떠올라 나도 몰래 웃음이 터졌습니다.

천재天才, 영재英才, 수재秀才

세 단어 모두 뛰어난 재능 또는 재능을 가진 사람을 말하지만 약간의 뉘앙스 차이가 있습니다.

천재가 독창적이고 타고난 재능의 소유자라고 한다면
영재는 뛰어난 잠재력을 가진 큰 사람이고,

수재는 후천적 노력으로 우수한 성과를 낸 사람 정도의 차이랄까?

'천재 ≥ 영재 ≥ 수재'

대부분 이렇게 급을 나누지 않을까 생각합니다.

저 역시 그렇게 생각하며 살았지만 최근에 생각이 조금 바뀌었습니다.

과거에는 '지능지수IQ'를 가지고 영재성을 판단했습니다.

IQ 지수가 높은 사람이 똑똑한 사람으로 평가되었고

전체 인구의 3% 정도의 사람들이 영재로 분류됐습니다.

그러나 IQ로는 지능 이외 다른 분야의 재능을 평가할 수 없습니다.

수학적, 언어적 재능 말고도 음악적, 미술적, 운동적 재능 등

다양한 분야에서 천재성을 더 쉽게 접할 수 있기 때문입니다.

즉 학교에서 성적이 뛰어났던 친구들은 수재에 가까운 유형이었으니

기존의 틀에서 벗어난 사고 또는 새로운 방식으로 문제를 해결하는

전정한 의미의 천재와는 거리가 있었습니다.

1등, 2등, 3등처럼 순위를 매길 수 있는 것이 아니라는 얘기입니다.

2030년 늦어도 2040년이면 AI가 인간의 지능을 넘어선다고 합니다.

AI는 대규모언어모델LLM과 같은 딥러닝기술을 활용해 학습했고,

우리가 가르치는 내용의 대부분을 이해할 수 있게 되었습니다.

결국 AI를 개개인 맞춤형 학습 도구로 사용하게 된다면

지금처럼 성적이 수재를 구분하는 기준이 되지는 않을 것 같습니다.

하늘이 준 재능

天才

지능은 재능의 하나일 뿐입니다.
그럼에도 지금까지 지능이 높은 사람을 우대했습니다.
다양성이 부족한 사회였기 때문입니다.

사마광은 언어, 논리수학 지능의 천재였지만
사람들과 교류·이해·교감하는 능력인 대인지능에서도
천재성을 발휘한 것입니다.
다중지능,
단일 지능의 개념을 넘어 다양한 방식으로 세상을
이해하고 표현하는 방식이 강조되는 시대입니다.
다양한 재능이 더 빛을 발하는 세상이 옵니다.

破(깨뜨릴 파)
甕(독 옹)
求(구할 구)
兒(아이 아)

담언미중 談言微中
말에 요점을 감추고 있다

진시황(秦始皇) 때 신하 중 우스개를 잘하는 우전(優旃)이라는 인물이 있었습니다. 어느 날 황궁에서 연회가 열리는 중에 때마침 비가 내렸습니다. 대신들은 연회를 계속 즐겼지만 병사들은 모두 비에 젖어 떨고 있었습니다. 이를 안타깝게 생각한 우전이 연회에 막 도착한 진시황에게 술을 올리며 만세를 외칩니다. 그러더니 밖에 있는 경비병을 부릅니다. "그대들은 키는 크지만 무슨 소용인가? 나처럼 키 작은 이들은 안에서 쉬고 있는데."라고 말하자 진시황이 무슨 뜻인지 알아차리고 경비병들을 절반씩 교대로 쉬면서 비를 피하도록 했습니다. 이 외에도 우전은 유머로서 상황을 바꾼 예가 많았다고 《사기(史記)》는 기록합니다. 우전에 대한 사마천의 평가는 이렇습니다.

"말에 요점이 감추어져 있으나 어지러움을 풀 수 있다."
《사기(史記)》〈골계열전(滑稽列傳_유머러스하게 왕을 깨우친 인물들)〉편

비판하고 요구하되 적대하지 않는다

자신의 말과 행동 또는 성과에 대해 이렇다 저렇다 흠만 잡는 타인에게 기분 좋을 사람은 거의 없을 겁니다. 오랜 친구 사이라도 자칫 섭섭할 수 있는데 직장 동료에게 건네는 조언은 매번 신경 쓰입니다. 때를 잘못 골랐거나 어설픈 조언이 아니었음에도 어색해지거나 곤란해진 적

이 있던 저로서는 더욱 어렵습니다. 그래서 반대로 생각하기로 했습니다. 화자話者가 아니라 청자聽者의 입장에서 고마운 조언이지만 어떤 때 쓸데없는 간섭이 되는지를. 상황을 확인하지 않았을 때 그랬습니다. 혼자 있고 싶은데 자꾸 옆에서 말을 붙이니 짜증만 날 뿐입니다. 공감하기 전에 말을 꺼냈을 때도 그랬습니다. 흠뻑 젖은 사람에게 "비를 맞으면 감기 걸린다."는 말보다 담요나 따뜻한 우유 한 잔을 건네는 게 우선이 아닐까요?

그리고 직유보다는 은유가 나은 방법이라 생각합니다. 직접적인 표현은 수위를 조절해도 "너나 잘하세요."와 같은 반응을 유발하는 등 감정적으로 받아들이기 힘듭니다. 반면 은유는 비판하고 요구하되 적대하지 않습니다. 가장 대표적인 은유가 유머입니다. 피식 웃음이 터지면 팽팽했던 긴장이 줄어들면서 상황을 되돌아볼 여유를 만들어주니 수천 년 동안 많은 사람의 입에서 효과적인 커뮤니케이션 방법으로 회자되는 이유입니다.

하한호추성何恨乎秋聲
어찌 가을 소리를 원망할 수 있겠는가?

어느 날 구양수(歐陽脩)가 밤에 책을 읽는데 밖에서 이상한 소리가 들리자 동자에게 무슨 소리인지 알아보라고 말합니다. 밖에 다녀온 동자가 그냥 나뭇가지 소리인 듯하다고 말하자 "아 슬픈 소리여, 이것은 가을 소리구나. 감정이 없는 초목(草木)도 때가 오면 가을바람에 너풀거리며 떨어지는데 사람은 백 가지 근심과 만 가지 일로 고달프니 얼굴이 쇠하고 검은 머리가 백발이 되는 것은 당연하다."며 탄식하는데 곁에 있던 동자를 보니 말없이 졸고 있었습니다.

"생각건대 누가 인간의 생명력을 빼앗는 것이 아니라
다만 자연의 섭리일 뿐이니 어찌 가을 소리를 원망할 수 있겠는가?"
구양수(歐陽脩), 〈추성부(秋聲賦_가을 소리를 듣다)〉

김홍도가 〈추성부도秋聲賦圖〉에 담으려던 것은?

삼성의 故 이건희 회장이 가장 아꼈던 그림 〈추성부도秋聲賦圖〉를 아십니까? 단원 김홍도의 작품으로 이 회장 사후에 나라에 기증된 국보입니다. 김홍도가 생전에 그린 마지막 작품을 보고도 처음엔 그저 훌륭한 그림이라고만 생각했습니다. 당연히 시의도詩意圖인 줄도 몰랐으니 그림

속의 글이 〈추성부秋聲賦〉라는 생각은 아예 하지도 않았습니다. 나중에 사연을 듣고선 죽음을 앞둔 김홍도가 담고 싶었던 시의 의미는 무엇일까 궁금해졌습니다.

　소년 시절 낙엽을 주워 책에 넣어두곤 했습니다. 어른이 돼서 시골집 책장을 정리하다 책에서 낙엽 책갈피를 찾으면 타임머신을 타고 그 시절로 돌아가곤 했습니다. 그 시절 가을은 늘 낭만으로 가득할 거라 여겼지만 언제부터인가 낭만보다는 우수에 젖곤 합니다. 낙엽 자체도 처연하지만, 다시 푸르게 변할 것을 알면서도 몇 번이나 더 볼 수 있을까 하는 걱정 때문입니다. 머리로는 꽃이 진다고 바람을 탓할 수 없고 회한의 시간이라도 원망할 수 없음을 알지만, 마음이 헛헛해짐을 달래 줄 묘약은 없었습니다. 그렇다고 주저앉아 울 수만은 없는 일. 언젠가는 멈추겠지만 조금씩이라도 글을 남겨 부질없음을 덜어보려 합니다. 추성부를 읽으며 김홍도가 남기려던 것이 인생무상만은 아닐 터이듯, 변변찮은 제 글도 누군가에게 의미가 될 거라는 바람으로.

이우위직 以迂爲直
돌아가는 듯하여 바로 가라

손자(孫子)는 군쟁(軍爭)을 "군사를 쓰는 법에 앞서 장군이 임금의 명을 받아 군사를 거느리고 전장에 나아가 적과 상대하여 진을 쳤을 때"라고 정의하면서 가장 어려운 것이라고 말합니다. 그러면서 군쟁의 어려움에 대해 후술(後述)합니다.

> "길을 돌아가는 듯하여 바로 가고 불리한 듯하여 실리를 얻으니
> 길을 돌면서 적을 유인하여 때를 보아 쳐부수면
> 이것은 남보다 늦게 떠나 남보다 먼저 도착함이니 이것을 일러
> 길을 돌아가는 듯하여 바로 가는 계책을 안다고 하는 것이다."
>
> 《손자병법(孫子兵法)》, 〈군쟁(軍爭)_주도권을 잡으려면〉편

先勝求戰, 진정한 속도는 조급함이 아닌 지혜다

손자는 왜 서두르는 자가 패하는지를 말합니다. 전체 조직을 무작정 돌진시키다 보면 대오가 흐트러지고, 소수정예를 구성해 빠르게 달리면 지원이 끊어져 고립됩니다. 무작정 속도만 높이면 맞게 되는 위험입니다. 눈앞의 빠른 길이 가장 험하고 위험한 길일 수 있습니다. 당장은 더

더 보여도 이길 수 있는 환경을 만들면서 나아갈 때 결국은 지름길이 될 수 있습니다.

현실은 평탄한 트랙 위에서의 달리기가 아닙니다. 사막 마라톤처럼 결과를 예측할 수 없습니다. 일주일 동안 계속 달리는 게임이니 스피드보다는 체력안배와 같은 밸런스가 더 중요한 요소가 됩니다. 저는 '시장은 기다려주지 않는다'며 조급함에 서둘렀던 적이 있습니다. 낸 아이디어를 관철하려고 동료와 다툼도 서슴지 않았습니다. 절차를 무시하고 상사께 직접 찾아갔습니다. 당연히 미운털이 박혔으니 혼자 감당하기에 벅찼지만 아무도 도와주려 않았습니다. 결과는 참담했습니다.

어느 날 팀장은 "왜 이렇게 됐는지 생각할 시간을 주겠다."며 저를 업무에서 배제하셨습니다. "빨리 가려면 혼자서 가고, 멀리 가려면 함께 가라."는 아프리카 속담을 적은 게시판이 보이자 탄식했습니다. '아 서둘렀구나. 기다려주지 않는 것은 시장이 아니라 동료구나' 혼자서는 이길 수 없는 싸움을 걸었던 것입니다. 지혜롭지 못했던 결과였습니다. 손자가 말합니다. "선승구전先勝求戰" 이길 조건을 갖춘 뒤 싸우라고. 핵심은 이길 조건이고 빠르고 늦음은 종속변수일 뿐이라고.

구방심 求放心
놓아버린 마음을 찾다

마치 도력(道力)이 높은 스님들이 말하는 화두(話頭) 같은 이 표현은 맹자가 한 말에서 비롯됩니다. 맹자는 "인(仁)은 사람의 마음이다. 의(義)는 사람의 길이다. 그 길을 버려두고 따라갈 생각을 하지 않고 그 마음을 놓아버리고 다시 찾을 생각을 하지 않으니 이 얼마나 슬픈 일인가! 사람들은 집에서 기르던 닭이나 개가 없어지면 부지런히 쏘다니며 그것을 되찾으려 열심이다. 허나 자신의 마음이 사라져도 찾을 줄 모른다."고 말하면서 다음과 같이 덧붙입니다.

"학문의 길이란 별 게 아니다.
그 놓아버린 마음을 되찾아오는 것일 뿐이다."

《맹자(孟子)》〈고자장구(告子章句_고자와 나눈 대화)〉

내일 아무런 기회가 찾아오지 않는 것이 두렵다

가끔 뭔가 잊고 사는 건 아닐까 걱정하게 됩니다. 책을 읽는 이유도 사람을 만나는 이유도 흐릿해졌습니다. 분명 뭔가 있을 텐데 머리에 맴도는 이유가 다 마뜩잖습니다. 타성에 젖어 책을 붙잡고 미련이 남아 사람들을 쫓아다니고 있는 건 아닐까 하는 생각이 들면 마음은 더 무거워집니다.

저는 카카오톡 프로필에 책 사진을 올립니다. 처음에는 읽었던 책을 또 사는 일을 반복하지 않으려고 시작했는데 내가 누구인지 과시하는 것으로 오해하는 분들이 계셨습니다. 그래서 올린 수백 권의 책 사진을 다시 봤습니다. 분명 뭔가 알고 싶어서 읽었던 책들인데 내용이 기억나는 책은 거의 없지만 한 편으로는 일주일에 한 권씩 책을 읽겠다던 신입 시절의 다짐을 지키고 있다고 생각하니 대견스러웠습니다. 그러다 문득 왜 매주 한 권의 책이라도 읽겠다 다짐했는지를 잊고 있다는 걸 깨달았습니다. 아는 것보다 모르는 게 더 많음을 인정하고 하루하루 조금이라도 더 나아지겠다던 그때의 다짐을 잊었던 것입니다. 지금도 책을 읽을 때마다 그때의 다짐을 잊지 않으려 노력합니다. 워런 버핏의 오랜 친구 찰리 멍거의 말도 함께. "오늘 계속 배우고 성장하지 않는다면 내일은 아무런 기회가 오지 않을 것이다."

팔자사환 八疵四患
여덟 가지 허물과 네 가지 근심

《장자(莊子)》〈어부(漁父)〉편은 우연히 만난 어부를 성인(聖人)이라 생각한 공자의 문답(問答)입니다. 가르침을 청하는 공자를 향해 장자는 어부의 입을 빌려 말합니다. "여덟 가지 허물과 네 가지 근심이 있는데, 자기 일이 아닌데도 가로채서 주제넘게 나대는 것, 관심도 없는데 쓸데없이 의견을 말하는 것, 상대의 비위에 맞춰 말하는 것, 옳고 그름을 분간하지 않고 제멋대로 말하는 것, 남의 허물을 함부로 말하는 것, 남을 이간질하는 것, 남을 거짓으로 칭찬하여 악인이 되게 하는 것, 양쪽 비위를 모두 맞추며 남의 하고자 하는 것을 엿보는 것이 허물이고, 원칙까지 바꾸면서 자신의 공명을 높이려 하는 것, 자신을 과신하고 남의 영역까지 침범해 이익을 취하는 것, 자기 잘못을 알면서도 고치지 않고 더 고집을 부리는 것, 자기와 다른 의견이라면 착한 사람도 나쁜 사람으로 몰아세우는 것이 근심이다."

> "능히 여덟 가지 허물을 고치고
> 네 가지 근심을 만들지 않을 사람이라야
> 비로소 가르칠 수 있을 것이오."
>
> 《장자(莊子)》〈잡 편 어부(雜篇 漁父_어부와 공자와의 문답)〉편

허물없는 이는 없지만, 허물을 고치려는 이는 될 수 있다

저는 허물은 말과 관련된 것이고 근심은 처신에 관한 것으로 읽었습니다. 장자는 어진 사람은 여덟 가지 허물을 가진 이와는 벗으로 사귀지 않고 명군明君은 신하로도 등용하지 않는다고 했습니다. 하지만 네 가지 걱정에 대해서는 별다른 언급이 없습니다. 왜 말하지 않았을까 생각해 보니 말보다 처신은 훨씬 오랜 시간을 지켜봐야 그 의도를 알 수 있어서 그랬나 싶었습니다. 허물이 없는 사람은 없으니 허물을 행하면 안 된다는 말보다 허물임을 깨달으면 고쳐야 한다는 말이 되고, 자신의 허물을 깨닫고도 고치지 않는 사람과는 사귀지 말라는 경고도 됩니다.

더불어 허물을 고치려는 이라면 앞으로도 "근심을 만들지 않을" 사람이니 가르칠 만한 사람이 될 수 있다고 이해했습니다. 또 장자의 근심거리에는 낮은 권력, 가난, 배움의 부족 등은 없었습니다. 즉 그런 건 근심거리도 아닌 셈입니다. 영업은 신뢰를 기반으로 합니다. 믿음이 없는 거래처와의 관계는 오래 유지될 수 없습니다. 그래서 허물이 있는 사람이 아니라 허물을 고치려 하지 않는 사람과는 파트너가 될 수 없습니다. 어떤 허물이냐를 따지는 것이 아니라 어떤 허물이든 고치려는 자세와 얼마나 꾸준히 다짐을 실천하는지를 지켜봄으로써 파트너를 결정해야 하지 않을까요?

유기폐사猶棄敝蹝
마치 헌 짚신 버리듯 하다

'태평성대' 하면 요순(堯舜)의 치세를 떠올립니다. 그런 순(舜)임금에게는 장님인 아버지 고수(瞽瞍)와 이복동생 상(象)이 있었습니다. 《한비자》에는 순임금이 아버지를 추방하고 동생을 죽인 것으로 서술하고 있지만 《맹자》에서는 전혀 다르게 말합니다. 제자 도응(桃應)이 스승 맹자(孟子)에게 순임금 재위 시절에 아버지가 살인을 저질렀다면 순임금을 어떻게 했을까를 묻습니다.

> "순임금은 어느 때건 천하를 버리기를 낡은 짚신 버리듯 하실 분이다.
> (따라서 아버지가 살인을 저질렀다면) 몰래 업고 도망가서
> (세상의 끝인) 바닷가에 머물며 평생토록 유유자적하며
> 천하를 잊고 살았을 것이다."
>
> 《맹자(孟子)》〈진심장구(盡心章句_자기 마음을 다하면)〉

기회비용 Opportunity cost을 계산한다는 어려운 일

순임금과 아버지 간의 이야기는 한비자가 옳은지 맹자가 옳은지는 분명치 않습니다. 다만 맹자가 잘못 알았다 해도 다른 예를 통해서라도 법과 인간의 도리가 충돌할 때 효孝를 우선하는 유가儒家답게 권력은 버

려도 아버지는 버릴 수 없다고 대답할 것입니다.

뭔가를 포기해야 얻을 수 있는 상황을 자주 마주하게 됩니다. 어떤 기준이어야 하는가라는 질문에 경제학자들은 기회비용opportunity cost이라는 개념을 제시합니다. 포기할 때 드는 비용이 더 큰 것을 선택해야 합리적인 결정이 된다는 얘기인데 경제학 전공자로서 이 개념에 동의하지만 모든 일에 정확한 비용계산이 가능할까를 늘 의심하기도 합니다. 비용은 대개 가치관에 의해 차이가 납니다. 사람마다 시기마다 상황마다 제각각인 가치관에 의해 계산된 비용을 의아스럽게 여기는 경우는 비일비재합니다. 특히 모든(?) 사람이 바라는 돈이나 권력이라면 헌 신짝 버리듯 포기한다는 건 불가능에 가까울 것입니다. 그러나 맹자는 순임금이라면 가능하다 단언합니다. 실제로 순임금은 자식이 아닌 우禹임금에게 왕위를 양보하면서 맹자의 말이 옳았음을 증명했습니다.

이유야 어떻든 순임금을 대단하다 여기면서도 저에게 그런 상황이 오면 시기 문제일 뿐 자의든 타의든 결국은 버리게(떠나야) 되겠구나 싶었습니다. 기왕에 떠나야만 하는 거라면 타의로 쫓겨날 때의 추해짐의 비용이 훨씬 크다고 생각하는 저로서는 주변을 조금 일찍 서둘러 스스로 정리하는 것이 합리적 선택 아닐까요?

시자조슬 視子蚤蝨
당신이 벼룩이나 이처럼 보인다

송나라 대부 자어(子圉)가 재상 격인 태재(太宰)에게 공자를 만나도록 주선한 후 인상이 어떻냐고 묻자 "공자를 만나고 나서 당신을 보니 당신이 마치 벼룩이나 이처럼 작아 보이는구려. 내 곧 임금께 공자를 소개할 생각이오."라고 말합니다. 그러자 자어는 공자가 임금에게 더 중하게 쓰일까 두려운 마음에 태재에게 이렇게 말합니다.

> "임금께서 공자를 만나시면,
> 이번에는 당신이 벼룩이나 이처럼 보일 것이오."
>
> 《한비자(韓非子)》〈설림(說林_여러 인물의 이야기)〉편

자신보다 뛰어난 사람을 추천하는 것이 어려운 이유

결국 태재도 임금에게 공자를 소개하지 않았습니다. 이런 일은 흔히 주변에서 찾을 수 있습니다. 능력이 A급인 리더는 주변에 A급이나 적어도 B급을 두려고 하지만 B급인 리더는 절대로 A급을 두려고 하지 않습니다. 자신의 능력이 탄로날 것을 염려하기 때문입니다. 그래도 B급이라도 두면 조직은 근근이 유지되지만 자신에게만 아부하려는 C나 D급

을 우선한다면 조직의 앞날은 기대하기 어렵습니다.

자신보다 뛰어난 사람을 추천하는 것은 어렵습니다. 오죽했으면 관중을 추천한 포숙이나 장량을 천거한 소하의 사례가 지금까지 회자되겠습니까? 대부분은 추천한 사람 때문에 자신의 자리가 위협받을 수 있다는 생각이 들면 자어나 태재처럼 임금의 눈을 가리는 선택을 합니다. 하지만 길게 보면 좋은 선택이 아닙니다. 만약 훗날 임금이 공자를 만날 기회를 자어나 태재가 막았다는 사실을 알게 되면 소인배로 치부하여 관직을 뺏었을 수도 있습니다. 또한 공자뿐만 아니라 다른 인재들도 등용되지 못했을 터이니 송나라가 망할 수밖에 없는 이유를 만들었고 결국은 자신은 아니더라도 자손들의 자리를 위태롭게 하는 행동이 됐습니다. 이 문장을 되풀이해 읽으면서 과연 나는 사심 없이 인재를 추천할 수 있을까를 물었습니다. "NO." " Why?" "비교되는 순간 능력이 들통나는데도?" "으음, 그럴 수도." "그래도 인재를 추천하고 쫓겨나면 덜 창피하지 않을까?" "으음, 그럴 수도." 오늘도 두 마음이 계속 충돌 중입니다.

세상 모든 것에는 각기 자신만의 고유의 격格이 있다

인격人格, 자격資格, 품격品格 등에 공통으로 쓰이는 격格이라는 한자는 나무 목木과 각자 각各으로 나뉘는데 각각의 나무의 특징이라는 뜻이 됩니다. 모든 나무가 같은 재질이 아니고 참나무와 소나무의 쓰임이 다르듯 세상 모든 것에는 각기 자신만의 고유의 격이 있다고 생각합니다. 누구를 흉내 내 '제2의 ××' 밖에 안 된다면 차라리 내 식으로 살아 '그냥 강경민'으로 살겠다는 다짐으로 처음부터 직장을 다녔습니다. 시작부터 좌충우돌이었습니다.

(앞 장에서 썼듯) 첫 부서였던 재개발팀에서 다루는 당시 정비사업은 전혀 주목받는 분야가 아니었고 그저 회사에서도 '92년 대선에 출마한 정주영 회장의 '반값 아파트' 공약을 이행하려 구색만 맞추는 부서였습니다. 당연히 제대로 된 사내 매뉴얼이 있지도 않았고 법령체계도 숭숭 구멍이 뚫린 상태라 제대로 물어볼 곳도 없었습니다. 선배들은 시간이 해결해줄 거라면서 물어보는 일에만 간단하게 대답해줄 뿐 체계적인 교육도 못 받았습니다. 답답했지만 건건이 물어가며 일을 배워가던 무렵에 IMF 사태가 터졌습니다. 건설업은 그야말로 직격탄을 맞았습니다. 국제결제은행BIS의 권고기준에 맞춰 부채비율을 낮추라는 지상과제가 떨어졌습니다. 다른 회사에 비해 비교적 재무여건이 좋았지만 20%대까지 치솟는 이자율에 버틸 재간은 없었습니다. 전사적으로 이자율 변동 시나리오별로 추정 자금계획을 짜야 했습니다. 하루에도 몇 번씩 시나리오가 전달됐지만 일에 숙달되지 못했던 저로서는 매일 야근을 해도 시간이 부족했습니다. 담당 프로젝트는 7개였고, 프로젝트별(2인 1조로 운영)로 여러 차·부장님들의 일을 보조하는 역할이었지만 자금계획 수립 같은 일은 제 분야라 모두 퇴근하시고 오롯이 저 혼자 감당해야 하는 일이 되어버렸습니다. 엑셀 프로그램이 막 도입되던 시기라 책을 보며 기능을 익혀가던 제게 7개 프로젝트 자금계획 수립은 너무나 힘들었고 철야를 해도 끝내지 못해 다음 날 혼나는 일이 계속 생겼습니다. 다

행히 제 상황을 딱하게 여긴 사원, 대리 선배들이 나눠서 처리해주셔서 꾸역꾸역 일을 끝낼 수 있었습니다. 그렇게 몇 개월을 매일 밤 사무실에서 잠을 청하며 일하다 보니 도대체 뭐 하는 짓인가 하는 회의懷疑가 들었습니다. 폼나게 일하고 싶었는데 현실은 꾀죄죄한 모습이었으니 한심했습니다. 97년의 겨울은 그렇게 지나고 있었습니다. 다음 해가 되자 본격적인 구조조정이 시작됐습니다. 나이 때문에 퇴직을 강요받는 선배는 제게 어떻게든 버티라고 말했습니다. 그래야 자신같은 꼴은 안 당한다면서. 그런 선배를 향해 저는 떠밀려서 퇴사는 않을 거라며 시건방 떨었습니다.

   몇 해 뒤 현대그룹에서 계열이 분리되면서 상황은 또 한 번 급변했습니다. IMF의 상처가 채 아물기도 전에 현대그룹이라는 커다란 우산에서 벗어나 홀로서기를 해야 하는 상황에 이르자 모두 당황하기 시작했습니다. 아무도 상상조차 못했던 상황이었습니다. 마치 고등학교 3학년이 되기 직전 학교 이름이 바뀌자(재단이 바뀌면서 교명이 명덕에서 대기로 바뀜) 불안함과 어색함을 느꼈던 시절로 돌아간 듯 무엇을 해야 할지 아무도 알지 못했고 당연히 제게 알려주는 이도 없었습니다. 그저 맡은 일을 잘하면 이직할 기회라도 생기겠지 하며 노력하니 제법 일 잘한다는 소리를 들을 무렵이었습니다. 그룹의 지원을 못 받으니 회사 사정이 급속도로 악화됐습니다. 다시 정리해고가 시작됐습니다. 이번에는 부서별로 인원이 할당되니 그냥 나이로 정리할 수 없었습니다. 업무 능력이 기준이 되니 사원이었던 저 역시 대상일 수밖에 없었습니다. 조직이 비정하다고 생각했습니다. 곧 떠날 수도 있겠다 생각하니 마음이 조급해졌습니다. 그래도 실전에 바로 써먹을 수 있는 스킬을 갖고 있다면 재취업에 도움이 되겠다 싶어 더 뛰고 더 만나려 했습니다. 회사의 내부 평가보다는 거래처의 평가가 더 중요할 거라는 판단에 만나자는 거래처는 다 만났고 만나려고 했던 협력사는 어떻게든 연고를 찾아 만났습니다. 자연스레 술자리가 많아졌습니다. 그렇게 만남을 가지니 정보도 많아지고 사회를 보는 시야도 많이 넓어졌습니다. 그러면서 동료 선배와의 술자리에서 우리 조직은 이래서 안 되고 저게 문제고 하며 떠들기 시작했고 선배들은 왜 이렇게 소극적이냐며 대들기 일쑤였습니다. 독불장군이 돼가고 있었습니다. 그 무렵 하루가 멀다 않고 소주를 마시니(소주 이외의 술은 거의 안 마심) "일 년에 천 병 마신다."는 소문이 돌았습니다. 새벽까지 술을 마시는 독불장군과 대화를 나누고픈 사람은 계속 사라졌습니다. 그래도 성격은 강하지만 일하는 것은 쓸 만하다는 평을 받으면서 여러 부서를 거치며 특진을 거듭했고 선배와 동기들을 제치고 파격적으로 젊은 나이에 홍보팀장 보직을 맡게 됐습니다.

하지만 이른 진급이 독이 됐습니다. 승승장구하던 제 커리어는 2년 만에 팀장직에서 물러나면서 끝나는 것처럼 여겨졌습니다. 낙담한 저를 위로하는 사람보다 그럴 줄 알았다며 손가락질하는 사람이 더 많게 느껴졌습니다. 괴로운 시간이었지만 이번에도 여지없이 도움의 손길이 닿았습니다. 정비 부문 임원께서 정비사업은 사회 최고위층에서 가장 밑바닥까지 다 경험해야 하는 영업이고 그만큼 알아야 할 것도 많고, 조심해야 할 일도 많으니 다양한 제 경험이 도움이 될 거라면서 복귀를 권했습니다. 승낙한 뒤 만난 직원들의 시선은 냉랭했습니다. 고향이 싫다며 뛰쳐나갔던 탕아를 대하듯 떠났으면 돌아오지 말지 왜 돌아온 것도 모자라 자리까지 뺏냐는 소리도 들었습니다. 뭔가에 미친 듯 매달리지 않으면 너무 괴로울 것 같았습니다. 이번에도 사람에게 매달렸습니다. 하지만 만남의 성격은 달라졌습니다. 예전엔 필요한 사람을 만났다면 이번에는 저를 필요로 하는 사람을 많이 만나려고 했습니다. 특히 홍보팀에서 인연을 맺은 기자들을 통해 다양한 분야의 사람을 소개받았습니다. 금융권, 작가, 법조계 등 예전에 듣지 못했던 다양한 얘기가 신선했습니다. 그동안 얼마나 우물 안 개구리로 살았는가를 절감하면서 또 한 번 변신을 꾀했습니다. 하지만 여전히 주변은 "왜 쟤는 늘 밖으로만 도는거야?"라며 의도를 의심하는 사람이 더 많았습니다.

'21년 학동 철거사고', '22년 화정동 붕괴사고'가 연이어 터졌습니다. 팀장을 맡아 피해자와의 협상이라는 임무가 부여됐습니다. 광주로 내려가기 전에 어떻게 문제를 해결할까 먼저 자문을 구했습니다. 그리고 협상전략을 세웠습니다. '먼저 용서를 구하고 그 이후 협상'. 섣부른 협상은 피해자들의 감정을 건드릴지 모르니 피해자들에게 용서를 구하고 분노가 어느 정도 가라앉은 뒤에야 협상이 가능할 거라는 주변의 조언을 통해 내린 결론 이었습니다. 제 인적 네트워크가 위력을 발휘하면서 먼저 광주 연고의 정치인, 법조인, 공무원 등을 소개받았습니다. 그분들께 제 생각을 말하고 자문받았습니다. 고맙게도 피해자들이 홍분하면 자제

시켜주셨고 저를 질책하시면서도 원만한 합의를 이끌어주셨습니다. 모두 만족할 수준은 아니었지만 웃으며 합의할 수 있어 다행이었습니다. 그때 다시 한번 깨달았습니다. 저 혼자서는 절대로 해낼 수 없었음을, 그리고 어떻게든 신세 갚을 방법을 고민해야 함을.

제 삶이 곧게 뻗은 금강송은 아닙니다. 절벽 끝에서 휘고 볼품없으면서도 위태롭게 살아남은 소나무입니다. 독불장군으로 살겠다는 생각은 결코 한 적이 없었지만 서툴렀고 서두르다 보니 그렇게 보였습니다. 의도치 않은 많은 폐를 주변에 끼쳤습니다. 당연히 비난은 제가 감내해야 할 몫이었으니 속으로 삼키면서도 많이 아팠습니다. 그 결과 꺾이고 휘었습니다. 그러나 주변의 도움으로 위태롭지만 살아남았습니다. 이제 갚아야 할 시간입니다. 다른 생명의 자양분이 되는 고사목枯死木으로 살아가려 합니다. 그게 제 격格입니다.

마부진야 馬不進也
말이 앞으로 나아가지 않다

맹지반(孟之反)은 노나라 장군입니다. 제나라 군대와 맞서 싸우다 노나라 군대가 패하여 후퇴할 때 대열 맨 뒤에서 노나라의 군대를 엄호하면서 용감히 싸웠습니다. 그리고 마지막으로 성(城)으로 돌아와서는 자신의 용맹을 자랑하지 않고 말이 뒤처져 늦게 들어온 것이라고만 말합니다. 이를 두고 공자가 그의 겸양지덕을 칭송하며 말했습니다.

> "맹지반은 제 자랑을 늘어놓지 않았다.
> 돌아와서 자신의 말에 애꿎은 채찍을 휘두르면서도
> '일부러 뒤에 서려 했던 것이 아니라
> 말이 앞으로 나아가지 않았구려'라며
> 멋쩍은 듯 말했다."
>
> 《논어(論語)》〈옹야(雍也_옹(중궁) 등 인물평)〉편

정말 자랑할 일은 자기 입으로 하는 것이 아니다

요즘은 자기 PR시대입니다. 지나친 겸손은 오만하다고 치부되기도 합니다. 맹지반의 시절이라고 크게 다르지는 않았을 것입니다. 오히려 명성에 따라 관직이나 처우가 달라지는 시대였으니 자기 공을 드러내지 않기가 더 어려웠을 터인데 다른 선택을 한 맹지반의 속내가 궁금해집

니다. 우리 주변에는 자신의 공로로 내세우기 바쁜 사람을 흔히 봅니다. 더 심한 경우에는 조그만 공㓛이라도 차지하려 남과 다툽니다. 반면 실수는 타인에게 떠넘기기에 급급합니다. 저라고 크게 달랐겠습니까?

　영업을 나가면 제 자랑부터 늘어놓던 시절이 있었습니다. 그렇게 자신의 실적을 내세우면 영업이 잘될 것이라 생각했습니다. 하지만 그건 착각이었습니다. 어설프게 법을 얘기하다 법대 교수로 은퇴한 조합원을 만나 혼쭐 난 적도 있고 얕은 공사 현장 경험을 자랑하다 중동을 누볐던 전설의 대기업 임원 앞에서 탈탈 털리기도 했습니다. 차라리 입 다물고 있었다면 민망함은 모면했을 것입니다. 점점 자랑을 줄이고 지내다 보니 어느덧 30년을 영업쟁이로 살았습니다. 이제는 자랑을 거의 하지 않습니다. '돌아와요 부산항에'처럼 과거의 영광을 말해봐야 후배들은 '아 또 시작이다'라며 고개를 돌리니 할 수도 없습니다. 이젠 압니다. 정말 자랑할 일은 자기 입으로 하는 것이 아니라 공자처럼 누군가 대신 해주더라는 사실을. (자기 입으로 자랑하지 마세요, 싸 보여요!) 그리고 남이 대신 해주지 않는 일은 그리 자랑스러울 일이 아니라는 것도.

3부

춘풍
春風

남을 대할 때는 봄바람처럼[4]

4 《채근담菜根譚》, 〈대인춘풍待人春風〉에서 따옴

지작이변풍 只作耳邊風
귓가에 스치는 바람결로 여겨라

《명심보감(明心寶鑑)》〈계성 편(戒性篇)〉은 참는 것이 덕(德)이니 분노를 누르고 인정을 베풀라는 내용입니다. 조금 더 소개하자면

> "어리석고 변변치 못한 사람이 성내는 것은
> 대개 이치를 알지 못하기 때문이다.
> 마음에 불길을 더하지 말고 다만 귓가에 스치는 바람결로 여겨라.
> 장점과 단점은 집집마다 있고
> 따뜻하고 쌀쌀함은 어느 곳이나 매한가지다.
> 옳고 그름이란 본래 실제 모습이 없으니 마침내는 다 빈 것이 된다."
> 고려 충렬왕 때 추적(秋適)이 편찬, 《명심보감(明心寶鑑)》〈계성 편(戒性篇)〉

화나거든 일단 그 자리를 피해라

남의 말에 화를 안 낼 방법을 찾느라 많은 시간을 보냈지만 헛수고였습니다. 화를 참는 방법을 익히려 했으나 몸만 상할 뿐이었습니다. 그래서 화를 내더라도 피해가 적을 방법을 고민하게 됐습니다. 결혼식을 앞두고 아버지가 "아내에게 화가 나면 일단 그 자리를 피해라."던 조언도

그런 방법의 하나였다는 걸 최근에야 깨달았습니다.

영업하다 보면 참 다양한 사람을 만납니다. 많은 말을 건네기도 하지만 반대의 경우도 많습니다. 그들의 말 중에 새겨들어야 할 말도 있지만 때로는 흘려들어야 하는 말도 적지 않습니다. 그들이 모두 옳은 것도 현명한 것도 아니기 때문입니다. 그런데 지적하는 말을 들으면 화가 나는 건 어쩔 수 없습니다. 숨기고 싶고 들키고 싶지 않았던 부분을 지적받으면 더욱 그렇습니다. 그렇다고 그 자리에서 화를 낼 수도 없습니다. 그래서 선택한 방법이 화장실에 간다는 핑계를 대고 잠시 자리를 피하는 것이었습니다. 전기 플러그를 뽑듯 잠깐이라도 블랙아웃 상황을 만들면 참 많은 것들이 사라졌습니다. 분노도 짜증도. 그리고 다시 돌아오면 새로운 마음가짐으로 시작할 수 있었습니다.

패시혹반성공 敗時或反成功
실패한 뒤에 오히려 성공할 수도 있다

《채근담(菜根譚)》은 명나라 말기 '태초로 돌아간 도사' '초심으로 돌아간 도인'이라는 뜻의 환초도인(還初道人) 홍자성(洪自誠)이 쓴 책으로 그 이름처럼 나물 뿌리를 씹으며 들려주는 이야기입니다. 삶에서 마주치는 다양한 고민 인생의 갈림길에서 방향을 제시해주는 짧지만 묵직한 인생 지침서인데 실패에 관해 다음과 같이 언급합니다.

"예로부터 총애 속에서 재앙이 생기니
모든 일이 만족스러울 때도 고개를 돌려 주변을 살펴야 한다.
실패한 뒤에 오히려 성공할 수 있으니
일이 마음대로 되지 않는다고 해서 곧바로 포기하지는 말아야 한다."

명나라 홍자성(洪自誠), 《채근담(菜根譚)》〈전집(前集)〉

울어도 괜찮다 토닥여주는 게 고작이지만

삶에는 늘 부침浮沈이 있습니다. "잘 나갈 때 조심해라." "초심을 잃지 마라." 등 성공했을 때 경계하는 말 만큼이나 '실패는 성공의 어머니'라며 포기하지 말라고 격려하는 말도 많습니다. 정확한 수치를 계산해본 것은 아니지만 저는 경계하는 말을 더 많이 하고 살았던 것 같습니다.

대부분 성공에 기뻐해 준 사람은 손꼽을 정도지만 반대로 낙담했을 때 격려해주는 이가 훨씬 많다는 사실에 동의하실 겁니다. 그럼에도 왜 격려하는 말보다 경계하는 말을 더 많이 했나 싶으실 겁니다. 이유는 간단합니다. 결혼식에는 친구들이 오지 못해도 별로 서운하지 않지만 장례식은 안 오면 무척 섭섭한 것처럼 기쁜 일에는 제가 하는 말이 별로 영향이 없을 거라는 생각에 쉽게 말했습니다. 반대로 실의에 빠진 이를 격려할 때는 더 많은 것을 고려해야 했습니다. 너보다 낫다는 우월감을 드러낸 것이라든지 혹은 자신이 아니어서 다행이라는 안도에서 비롯된 것이라면 차라리 말을 아끼는 게 낫다고 생각했습니다. 어설픈 격려에 "당신이 뭘 아냐?"며 따져 묻던 제 경험도 한몫 거들었습니다. 그래도 누군가 자포자기하려는 사람을 보면 조심스럽게 우선은 말리고 봅니다. 평생 후회할 일을 하지 말라고, 포기를 통해서는 얻는 게 없다는 설득 대신 안아주며 울어도 괜찮다, 새벽이 제일 어두운 법이라고 어깨를 토닥여주는 게 고작이지만.

거자일소 去者日疏
떠난 사람은 날이 갈수록 잊힌다

남북조시대 양나라의 소명태자가 문인들과 함께 춘추전국시대부터 당대에 이르기까지 유명한 문장을 모은 《문선(文選)》이란 책이 있습니다. 이 중에 작자 미상의 시를 〈잡시(雜詩)〉로 묶어 소개합니다. 잡스러운 시라기보다는 제목이 없어진 시를 아우르는 표현으로 이해하시면 됩니다. 그중 "눈에서 멀어지면 마음도 멀어진다."는 의미의 시 첫 구절을 소개합니다.

"떠난 사람은 날이 갈수록 잊혀지고
오는 사람은 날이 갈수록 친해진다."

소명태자(昭明太子)가 편찬한 《문선(文選)》〈잡시(雜詩)〉

부모님 말고 뜸한 당신을 누가 반기겠는가?

눈에서 멀어지면 마음이 멀어지는 것은 인지상정입니다. 친구는 물론이고 부모, 형제간에도 마찬가지입니다. 영업 직군에서는 너무 당연한 말입니다. 왕래가 뜸해도 항상 기다려주고 반겨주는 것은 부모님 말고는 없을 것입니다. 그러니 고객이 내 입장을 헤아려 기다려주리라 생각하는 것은 어리석은 생각입니다. 관계를 유지하려면 자주 연락하는 수고로움 혹은 마주칠 때의 어색함 등 약간의 불편함은 감수해야만 합니다. 하지만 언제부터인가 직접 찾아가기보다는 전화를 거는 후배들이 늘더니 최근에는 전화도 아니고 SNS로 응대하면서 현장에 나가지 않는 경우가 잦아졌습니다. 물론 그렇게라도 연락하니 안 하는 것보다는 낫지 않냐는 분도 계시지만 거래처에 좋은 글귀나 사진을 복붙하는 것이 제 눈에는 영 거슬립니다. 꼰대스럽다 말하는 분도 계시겠지만 제게 영업의 기본을 묻는다면 당연히 대면이라 말합니다. 고객을 만나서 공감대를 넓히는 것이 영업의 시작입니다. 대면하는 방법만이 정답이라 말하지는 않겠지만 친해지려면 대면하는 것보다 더 효과적인 것을 보지 못했음을 밝혀둡니다.

아버지와 문패門牌

방 두 칸에 마루 겸 부엌 딱 세 칸짜리 초가삼간草家三間,
마당도 화장실도 주인집과 같이 써야 하는.
밥상을 펴면 식당, 책상을 펴면 공부방, 손님이 오면 사랑방
그리고 이불을 펴면 침실로 변하는 여섯 식구가 부대끼며 살던
8평짜리 초가집에는 대문조차 없었습니다.

초등학교 입학할 무렵 옆 동네 외할머니댁으로 옮겼습니다.
사춘기였던 누나는 안채에서 할머니랑 함께 방을 쓰고
나머지 방 두 칸을 부모님과 3형제가 나눠 썼습니다.

마당도 화장실도 부엌도 따로 있었지만 할머니 댁이었습니다.

중학생이 되고 25평짜리 양옥집으로 이사했습니다.
아버지 나이 쉰하나.
처음으로 자신의 이름을 대문에 거시던 아버지의 아련한 눈을 보면서
철없는 막내였지만 내 방이 생긴다고 마냥 좋아할 수는 없었습니다.
아버지는 돌아가실 때까지 그 집을 떠나지 않으셨습니다.
제가 열아홉 겨울까지 살았던 고향 집과 문패에 대한 기억입니다.

아버지가 돌아가신 뒤 파신다는 어머니를 설득해 그 집을 샀습니다.
아버지가 손수 다신 문패를 뗄 수 없었습니다.
조금 더 자주 와볼 걸, 조금 더 살갑게 지낼 걸 때늦은 후회를 아는지
꿈속에도 아버지는 웃으실 뿐 아무런 말도 해주지 않으시네요.
그래도 한 번이라도 더 보고 싶습니다. 아. 버. 지.

자식이 나이 든 부모를 업은 모습

孝

부모가 되고서야 비로소
부모님이 베푸는 사랑의 고마움이 어떤 것인지
절실히 깨닫습니다.
훌륭한 부모님의 슬하에서
분에 넘치는 사랑을 받으며 컸습니다.
죽는 그날까지 잊을 수 없는 경험입니다.
子慾孝而親不待(자욕효이친부대)5
자식이 하고 싶어도 부모님이 기다려주지 않으니
불효자는 웁니다

去(갈 거)

者(놈 자)

日(날 일)

疎(친하지 않을 소)

---

5 《한시외전(韓詩外傳)》 제9권_〈수욕정이풍부지(樹慾靜而風不止)〉의 대구

삼복백규 三復白圭
(말조심을 강조하는 시) 〈백규〉를 여러 번 읊조리다

공자의 제자 중에 남용(南容)이라는 자가 있었습니다. 안회(顏回)나 자로(子路) 같은 공문십철(孔門十哲)이란 훌륭한 제자의 반열에는 들지 못하는 인물이었습니다. 학문이 뛰어난 것도 다른 재주가 출중한 것도 아니었는데도 공자는 그를 조카사위로 삼습니다. 《논어(論語)》〈선진(先進)〉편에 그 이유가 나타납니다.

> "남용이 (시경에 나오는 말조심을 강조하는 시)
> 백규를 여러 번 반복해서 읊조리자
> 공자가 형님의 딸을 그에게 시집보냈다."
>
> 《논어(論語)》,〈선진(先進_옛 사람에 대해 말하다)〉편

Fact라는 명분으로도 폭력 의도를 숨길 수는 없다

도대체 어떤 시일까 하고 시경詩經을 찾아보니 "백옥의 흠은 갈아서 없앨 수 있지만 한번 뱉은 말의 허물은 어쩔 수 없네."라는 구절이 있었습니다. 문득 예전의 어느 책에서 "사람의 관계는 고무공이 아니라 유리공이고 떨어지면 튀어 오르지도(회복되지) 않을뿐더러 떨어져 흠집이 생기면 되돌리기 어려우며 흠집을 가장 많이 내는 것이 사람의 말"이라는

구절이 떠올랐습니다. 저는 소위 '팩트 폭력'이라 부르는 그저 폭력에 불과한 말이 가장 치명적이라 생각합니다.

적절한 예가 있습니다. 90년대 "우리 파스퇴르 우유는 고름 우유를 절대 팔지 않습니다."라는 광고가 있었습니다. 틀린 말은 아니었지만 경쟁사의 입장에서는 마치 자신들의 제품을 고름 우유로 소비자들이 오해하도록 만들 의도를 가진 비난이었습니다. 당연히 경쟁사는 반박 광고를 냈고 몇 년 동안의 소송전 끝에 패소한 파트퇴르유업은 경쟁사에 인수되면서 사건은 일단락됩니다. 파스퇴르 측이 어떤 의도로 그런 광고를 만들었는지 밝힌 바는 없습니다. 하지만 상대방을 공격하려는 그 의도를 모르는 사람은 없었습니다. 대가는 혹독했습니다. 이 광고 하나로 파스퇴르가 망한 것은 아니었겠지만 업계 전체에 상처를 입힘으로써 그들 모두를 적으로 돌렸고 결국 적대적 M&A의 원인이 되었음은 분명합니다.

부실기친 不失其親
가까운 사람을 잃지 말라

공자의 제자 중 외모와 성격을 제일 많이 닮았고 유교의 학문적 기초를 다지는 데 중요한 역할을 한 유약(有若)이라는 인물이 있었습니다. 제자들 사이에서도 존경받았을 뿐 아니라 후세 사람들은 그를 유자(有子)라 부르며 칭송했습니다. 그가 사람을 살피는 법을 말한 적이 있는데 "사람들 간의 약속은 마땅함에 가까우면 그 말은 지켜질 수 있고, 공손함이 예에 가까우면 치욕을 멀리할 수 있다."면서 다음과 같이 덧붙입니다.

"그러고도 친족(가까운 사람)들과의
친함을 잃지 않는다면
그는 실로 종주(宗主)로 삼을 만하다."

《논어(論語)》, 〈학이(學而_배움에 대해 말하다)〉 편

속아주는 게 꼭 나쁜 것만은 아니더이다

많은 사람과 대화도 나눴고 약속도 했습니다. 어떤 것은 지킬 수 있었고 어떤 것은 그냥 지나쳤습니다. 왜 그랬나에 대한 고민을 이 문장을 읽으면서 해결했습니다. 마땅함이 있고 없음의 차이였습니다. 공손함도 때에 따라서는 치욕스러운 감정을 주는 것이었습니다. 이 역시 이치에 부합되는지에 따라 갈린 것입니다. 하지만 가까운 사이에서 마땅

함과 이치만을 따질 수는 없습니다. 자칫 깊은 상처를 내기 십상이고 잘 아물지도 않는 대상이니까요. 이때 잠시 멈추는 것이 가까운 사람을 잃지 않는 방법이라는 사실 또한 이 문장에서 배웁니다. 후배이고 아랫사람일 때는 좋은 선배, 믿을 수 있는 리더를 따라가면 되는 일이었지만 나이가 들고 지위가 높아질수록 균형 잡힌 처신이 어렵습니다. 적당히 눈감아야 하는 일도 생기고 무리한 요구지만 감당할 수 있는 선에서 부탁도 들어주고 있습니다. 물론 그 책임은 제 몫이고요. 그래서인지 조합 영업을 하면 저하고 협상하자는 분들이 많습니다. 그래야 일이 복잡해지지 않는다면서. 예전에는 그게 협상을 잘하는 거라 생각했는데 지금 와서는 제가 마음 약해서 요구를 많이 들어줬나 싶습니다. 그러면 또 어떻습니까? 계속 속이려면 안 되겠지만 언제가 제가 속아준 것을 알아챈 사람들은 미안함 때문이라도 제 곁을 지켜주고 있으니까요.

동주공제 同舟共濟
같은 배를 타고 함께 물을 건너다

손자병법에서 "군사를 잘 다루는 사람은 솔연(率然)과 같다."는 표현이 있습니다. 솔연은 상산(常山)에 사는 큰 뱀으로 이 뱀을 잡으려 머리를 때리면 꼬리가 날아오고, 꼬리를 치면 머리가 덤빕니다. 틈을 노려 가운데를 공격하자니 이번에 머리와 꼬리가 함께 달려들어 당해낼 자가 없다며 이상적 용병술은 군대를 솔연과 같이 '원 팀'으로 움직일 수 있어야 한다고 말합니다. 그러면서 서로 원수지간인 오나라와 월나라 사람도 위기 앞에서는 원팀이 될 수 있다고 말합니다.

"오나라 사람과 월나라 사람은 서로 앙숙이지만
같은 배를 타고 가다가 폭풍을 만나면
오른손 왼손처럼 서로 돕는다."

《손자병법(孫子兵法)》〈구지(九地_전쟁에서 유리하게 지형을 활용하는 법)〉편

내 뜻에 맞지 않는 사람으로 원림園林을 삼아라

오월동주吳越同舟와 같은 유래입니다. 같은 목표를 위해서 갈등은 잠시 접어둬야 한다고 말할 때 흔히 쓰입니다. 한·미 동맹의 구호 "We go together"도 같은 뜻입니다. 같이 간다는 것, 함께 한다는 것은 모든 것이 일치한다는 뜻은 아닙니다. 오히려 갈등이 있음을 인정하는 말이라 생

각합니다. 오랫동안 갈등이 없으면 좋은 것이라 믿었습니다. 그래서 제가 속한 곳은 갈등이 없는, 아니 갈등이 생겨서는 안 되는 공간으로 만들려 했습니다. 갈등이 생길 때마다 처벌을 선택한 것은 그런 이유였습니다. 하지만 갈등은 사라지지 않았습니다. 오히려 처벌은 공정성 시비로 불거져 문제를 더 키울 뿐이었습니다. 다른 방법을 고민해야 했습니다. 같이 운동하고 워크숍도 가지면서 함께 일할 분위기를 만들었습니다. 효과가 있었는지는 사람마다 다르게 평가할 것입니다. 하지만 분명한 것은 다양한 나무가 어울리면서 정원이나 공원의 숲, 원림(園林)이 된 팀은 활력이 넘쳤습니다. 《보왕삼매론寶王三昧論》이란 경전에 원림의 의미를 설명해주는 문장이 있습니다. "남이 내 뜻대로 순종해주기를 바라지 마라. / 남이 내 뜻대로 순종해주면 마음이 스스로 교만해지나니 / 그래서 성인이 말씀하시길 / 내 뜻에 맞지 않는 사람들로 원림園林을 삼아라 하셨느니라."

관맹상제 寬猛相濟
너그러움과 엄격함으로 서로를 조절하다

춘추시대 정(鄭)나라 재상 공손교(公孫僑)는 귀족의 권력을 누르고 제도를 개혁하면서 나라의 기틀을 잡은 인물입니다. 그가 병이 깊어지자 자대숙(子大叔)에게 뒷일을 당부하면서 불의 뜨거움을 사람들이 무서워해 죽는 이가 드문데 물은 약해 보여 업신여기다 빠져 죽는 일이 많다며 불은 엄격함, 물은 너그러움으로 비유하고 관대한 정치만으로는 백성을 설득하기 어렵다고 말합니다. 공손교가 죽고 자대숙은 관대한 정치로 다스리려 했는데 도둑이 많아지고 나라가 혼란해지자 공손교의 말을 따르지 않은 것을 후회하며 뒤늦게 군을 동원하는 등 법질서를 엄정하게 지키자 혼란이 없어졌습니다. 훗날 공자가 이 예를 들어 정치는 어떻게 해야 하는지를 말합니다.

"엄한 정치는 백성들을 해치는데,
백성이 해침을 당하면 관대함을 베풀어야 한다.
너그러움으로써 엄격함을 조절하고
엄격함으로써 너그러움을 조절하면
정치는 이로써 조화를 이룬다."

《춘추좌씨전(春秋左氏傳_공자가 쓴 《춘추》 주석서)》 소공(昭公) 12년

너그러움은 오래, 엄격함은 짧아야 효과적입니다

너그러우면서도 엄격하다는 말처럼 지키기 어려운 표현도 없을 것입니다. 상반된 가치를 동시에 구현하려면 반드시 밸런스가 잡혀야 합니다. 하지만 균형은 한 번 도달했다고 계속 유지될 수는 없습니다. 서커스 곡예사처럼 조금만 긴장을 풀어도 쉽게 무너지는 것이 균형입니다. 그리고 균형은 양이 중요하지만, 타이밍도 그에 못지않습니다. 음식에서 균형 잡힌 단짠을 추구하려면 단맛을 먼저 입히고 난 뒤 짠맛을 입혀야 하듯이 너그러움 뒤에 엄격함으로 정치해야 한다고 공자는 말했습니다. 하지만 저는 너그럽기 전에 엄격했습니다. 순서를 바꾸니 짜기만 할 뿐이었습니다. 아니 모질다는 표현이 맞을 것입니다. 선배들의 실수를 보면 거칠게 항의했고 그럴 때마다 "너는 어떻게 하는지 지켜보겠다."는 가시 돋친 말을 듣곤 했습니다. 팀장이 되고 임원이 되고 누군가에게 지시 내려야 할 때가 돼서야 잘못을 깨달았습니다. 오랫동안 지나치게 모질었으니 주변에 사람은 드물고 뒤늦은 너그러움은 왠지 속는 기분으로 오해하는 사람이 많았습니다. 너그러움은 오랜 시간이 필요하고 엄격함은 상대적으로 짧아야 효과적인데 서로를 뒤바꿨으니 균형은 여전히 요원합니다.

격화소양 隔靴搔癢
신을 신고 발바닥을 긁다

《속전등록(續傳燈錄)》 - 앞서 소개한 《경덕전등록(景德傳燈錄)》의 뒤를 이어 명나라 때 원극거정(圓極居頂)이 엮은 선승들의 게송(偈頌)과 화두(話頭) 등을 묶은 책입니다. 그중 격화소양은 격화파양(隔靴爬癢), 격혜소양(隔鞋搔癢)과 함께 등장하는데 가르침을 전수하는 과정에서 정곡을 찌르지 못할 때 따끔하게 훈계할 때 쓰인 표현입니다.

"당(堂)에 오르니 어떤 이가 빗자루를 잡고
침상을 두드리니
신을 신고 가려운 곳을 긁는 것과 같다."

명나라 원극거정(圓極居頂), 《속전등록(續傳燈錄)》

I'm sorry for my lack understanding
and I hope we can find a solution

이 문장을 놓고 오래 고민했습니다. 신을 신고 발바닥을 긁는 것은 직관적으로 와닿는데 당에 올라 비를 잡고 침상을 두드린다는 말은 도통 이해가 안 됐습니다. 겨우 물어물어 빗자루는 쓰는 용도이지 두드리는 용도가 아니라는 설명을 들을 수 있었습니다. 애는 써 보지만 정곡正鵠

을 꿰뚫지 못하니 빙빙 겉도는 경우를 자주 접합니다. 하지만 곰곰이 생각해보니 내 발이 간지러운 것이 아니라 남의 발이 간지럽다고 하니 긁어주려 할 때 생기는 현상이 아닐까 생각했습니다. 만약 내 발이 간지럽다면 양해를 구해서라도 긁지 체면 때문에 참을 일이 아닙니다. 깁스를 했을 때 병문안 온 친구에게 꼬챙이를 넣어서라도 긁어달라고 했던 경험은 누구나 있지 않을까요? 즉 "격화소양"은 어디가 간지러운지 혹은 어떻게 긁어줘야 하는지 몰라 생기는 해프닝으로 이해하면 될 것 같습니다. 생각이 거기까지 미치자 얼굴이 화끈거렸습니다. 제가 모르는 것은 그렇다 치고 긁어 줄 방법도 모르면서 그저 시늉만 낸 것처럼 보였겠구나 싶었습니다. 모른다고 미안하다고 말해야 했는데, 엉뚱한 해결책을 말한 저를 후배들은 어떻게 기억할까요? 지금이라도 사과드립니다.

원수불구근화 遠水不救近火
멀리 있는 물은 가까운 곳의 불을 끄지 못한다

노(魯)나라 목공(穆公)은 훗날을 염두에 두고 아들들을 멀리 떨어진 진(晉)나라 초(楚)나라로 보내 관직을 갖게 합니다. 그러자 한 신하가 반대합니다. "월나라에서 사람을 데려와 물에 빠진 자식을 구하려고 한다면 그가 아무리 수영의 달인이라고 해도 자식은 살아남지 못할 것입니다. 실수로 불을 냈을 때 먼바다에서 물을 가지고 온다면 바닷물이 아무리 많다고 한들 불을 끄지도 못하고 허사가 될 것입니다. 비록 공자들을 보낸 진나라와 초나라가 강대국이기는 하지만 제(齊)나라가 더 가까이 있습니다. 만약 제나라가 침공한다면 진나라와 초나라는 우리 노나라에 도움이 되지 못합니다." 명심보감은 이 문장에 대구(對句)를 달아 이렇게 썼습니다.

> "먼 곳의 물로는 가까운 곳의 불을 끄지 못하고
> 멀리 사는 친척은 가까운 이웃만 못하다."
>
> 《한비자(韓非子)》〈설림(說林_이야기 숲)〉편

불편하지 않을 만큼의 간격과 늘 곁에 있다는 믿음

여러분 곁에 가까이 있는 사람은 누구입니까? 약간의 거리를 둔 곁에 있으면서 언제든 함께할 수 있다는 믿음이 있어야 가깝다고 말합니다. 대학 동기 모임을 오랫동안 주선하고 있습니다. SNS나 문자서비스를 통하면 한꺼번에 전달할 수도 있지만 되도록 전화나 만남을 통해 소식을 전달하곤 합니다. 하루에 연락할 수 있는 사람이 몇 사람이 못 되어 비효율적이라 여길 수 있지만, 효과는 정반대입니다. 직접 대면해서 모임에 나오라고 하면 거의 100% 참석합니다. 전화통화를 하면 못 나오더라도 미안하다고 회신이 옵니다. 하지만 카톡이나 밴드를 통한 연락은 반응도 거의 없으니 참여를 유도하는 데는 별반 효과적이지 않습니다. 동기 모임이니 그럴 수도 있다고 생각할 수 있겠지만 영업 현장에서는 더욱 분명해집니다. 시간을 들여 담당자를 만나는 것만큼 효과적인 영업 방식은 없었으니까요. 그래서 후배들에게 현장에 직접 나가보라 말합니다. 중요하고 정확한 정보를 얻으려면 발품을 직접 파는 것이 가장 효과적입니다. 급할 때 제게 도움을 주는 사람은 멀리 있는 사람이 아니라 가까이 있는 사람입니다. 말 못 하는 아기가 울면 엄마들은 뭘 원하는지 척척 알아챕니다. 그만큼 오랫동안 곁에 두고 봐왔기 때문입니다. 주변에 도움을 청할 때만 아니라 도움이 되려거든 그들의 곁을 지켜주세요. 불편하지 않을 만큼의 간격을 유지하면서도 늘 곁에 있다는 믿음을 주는 관계라면 분명 서로에게 도움이 됩니다.

근자열원자래 近者說遠者來
가까이 있는 자를 기쁘게 하면 멀리 있는 자들이 찾아온다

초(楚)나라 섭(葉) 땅을 다스리는 심저량(沈諸梁)이란 인물이 있었습니다. 그는 섭공(葉公)으로 불렸습니다. 그는 공자에 대해 관심이 많아 제자인 자로(子路)에게 공자가 어떤 인물이냐고 물은 적도 있고 공자를 초청해 대화를 나눈 적도 있습니다. 그러나 그 이후 아무 기록이 없으니 공자를 받아들이지 않았던 모양입니다. 야심은 크나 공자를 포용할 만한 배포는 없었던 결과 아닐까요? 그러니 정치가 무엇이냐는 섭공의 질문에 내놓은 공자의 답변을 이해했을 리도 만무합니다.

> "가까이 있는 자를 기쁘게 하여
> 멀리 있는 자들이 오게 하는 것입니다."
>
> 《논어(論語)》〈자로(子路_자로 등과 나눈, 정치와 어짊에 대한 문답)〉

패거리 문화로는 구성원을 설득할 수 없다면

이 말을 오용해 자기 사람을 먼저 챙기는 이유로 삼는 이도 있습니다. 하지만 작은 무리를 이끄는데는 효과적일 수 있지만 조금만 더 커져도 패거리가 될 가능성이 큽니다. 패거리 문화가 어떻게 조직을 망치는지는 굳이 설명하지 않아도 모두 아실 겁니다. 여전히 우리들의 조직에 가득한 패거리 문화가 아니라면 가까이 있는 자를 기쁘게 한다는 공자의 말의 참뜻이 궁금했지만, 나중에 고민하자며 미뤄뒀습니다.

팀장을 맡게 되자 더는 고민을 늦출 수 없었습니다. 바람직한 리더를 찾아봤습니다. 책임지는 리더, 함께하는 리더, 배려하는 리더 등 다양하게 표현됐지만, 인간에 대한 애정을 바탕으로 실천한다고 가르쳤습니다. 공자가 말한 정치의 근본 역시 애민愛民, 백성에 대한 사랑이었기에 정치 말고도 모든 조직 운영도 인간에 대한 사랑으로부터 출발한다고 말하고 있었습니다. "구성원들이 각자 자신의 역량을 이해하고, 궁극적인 조직의 비전을 공유하며 성과를 공정하게 평가하고 나누면 구성원은 조직과 더불어 성장하겠다고 행동하게 된다."는 말은 멋졌지만 현실에 접목할 수 없는 이론에 불과했습니다. 고민이 부족한 채 흉내 내려던 제 어설픈 시도들은 번번이 실패했습니다. 실패를 곱씹으면서 생각했습니다. 그리고 돈과 권력이 아닌 인간 자체로 사람을 대하는 것, 힘든 일일수록 먼저 나서는 리더여야 함을 확인했습니다. 이 두 가지만 제대로 실천해도 가까이 있는 자를 기쁘게는 못해도 적어도 실망은 안 시키겠다 싶은데 실행방법은 늘 고민입니다.

여인선언 난어포백
與人善言 煖於布帛
남에게 건네는 좋은 말은 비단 옷가지보다 따뜻하다

순자가 말했습니다. "남에게 교만하게 굴고 업신여기는 것은 사람에게는 재앙이다. 남에게 공손하고 자신에게 겸손한 것은 나를 공격하는 온갖 무기를 물리칠 수 있는 것이니 비록 창이 날카롭다고 해도 공손함과 검소함의 예리함을 당해내지 못한다."

"그러므로 남에게 건네는 좋은 말은
비단 옷가지보다 따뜻하고
남에게 상처 주는 말은 창칼보다 더 깊은 상처를 남긴다."

《순자(荀子)》〈영욕(榮辱_영예 vs 치욕)〉편

진심을 담은 축하를 몇 번이나 했을까 헤아려 보니

어떤 친구를 곁에 두고 싶은지를 물으면 대부분 "어려울 때 곁에 있어 주는" 혹은 "언제나 믿을 수 있는" 친구 등을 언급합니다. 분명 슬픔을 나누는 친구도 기쁨을 같이 누리는 친구도 필요합니다, 혹시 슬픔을 나눌 친구와 기쁨을 함께할 친구를 헤아려 본 적이 있으신가요? 저는 장례식처럼 슬픈 일에는 꼭 간다고 했지 잔치처럼 기쁜 일에는 굳이 가려 하지 않았습니다. 그러다 "당신에게 기쁜 일이 생겼을 때 진심으로 축하를 건네는 사람이 가족 말고 얼마나 되는지 헤아려 보라."는 글을 읽고는 깜짝 놀랐습니다. 슬픔을 나눌 친구보다 기쁨을 함께할 친구가 훨씬 적었기 때문입니다. 왜 그랬나 되돌아봤습니다. 동료가 나보다 빨리 진급했거나 포상을 받으면 질투했고 반대로 제 승진에는 의례적으로 축하하는 듯 보여 섭섭했습니다. 그때 깨달았습니다. 위로의 말에는 내가 아니어서 다행이라는 마음이 있어 수월했다면 축하의 말에는 질투가 깔려있었으니 불편할 수밖에 없었고 상대방도 그것을 느낀다는 것을. 당연히 진심으로 축하하지 못하니 기쁨을 나눌 친구가 적었다고 결론 내렸습니다. 그 이후로 인사치레가 아니라 진심으로 축하하려고 노력합니다. 다른 이의 지적에 제 마음의 상처가 깊다고만 했지 정작 제게 상처 입은 사람은 미처 헤아리지 못하는 어리석음도, 축하해 주지 않아 서운하다고만 했지 나는 얼마나 주변을 칭찬하고 살았나 하는 후회도 더는 반복하지 않으려고.

치사익분 治絲益棼
실을 풀려다 오히려 더 엉키게 하다

위(衛)나라 주우(州吁)는 형인 환공(桓公)을 죽이고 왕위를 찬탈한 인물입니다. 쿠데타로 왕위를 손에 넣지만, 백성에게는 환공이 병으로 사망했다고 말합니다. 백성들은 이를 믿지 않았고 점점 더 민심이 나빠지자 송(宋)·진(陳)·채(蔡) 등 인접 나라와 연합해 여론을 돌리고자 정(鄭)나라를 침공합니다. 이 사실을 전해 들은 노(魯)나라 은공(隱公)은 대부 중중(衆仲)에게 정나라를 도울 것인지를 묻습니다.

> "저는 덕(德)으로 백성을 화합한다는 말을 들었지만
> 난을 일으켜 그리한다는 말은 듣지 못했습니다.
> 도리를 벗어난 행동으로 백성을 화합하려 한다면
> 엉킨 실을 풀려다 오히려 더 엉키게 하는 셈입니다."
>
> 《춘추좌씨전(春秋左氏傳_공자가 쓴 《춘추》 주석서)》〈은공(隱公)〉 4년

뭔가 확실히 안다는 착각이 우리를 곤경에 빠지게 한다

노나라 대부 중중의 예언은 연합군을 이끈 주우의 승리로 끝났으니 반은 틀렸고, 위나라로 돌아간 주우가 얼마 못 가 위나라 백성들의 반감은 도리어 커져 처형당하니 반은 맞았습니다. 주우는 "내부의 문제를 외

부로 돌림으로써 외부의 적을 만들어 내부를 단결"시키는 전형적인 독재자들의 수법을 썼습니다. 이 방법은 외부의 적이 실체가 없거나 내부 공동체에 위협이 되지 않을 때는 오히려 그 의도를 알아차린 백성의 저항 때문에 결국 실패합니다.

바둑에는 "묘수 세 번 두면 그 바둑은 진다."라는 격언이 있습니다. 묘수를 둔다는 건 바둑의 형세가 위태롭다는 것이고 묘수를 연거푸 둔다는 건 여전히 위기가 해소되지 못했다는 얘기가 됩니다. 즉 왕위를 찬탈한 뒤 거짓을 말하고 곧이어 정나라를 침공하는 등 주우는 계속 상황을 타개하기 위한 묘수(?)를 뒀습니다. 하지만 묘수는 모두 물거품이 됐습니다. 차라리 권력을 포기하는 정석定石대로 살았다면 역사는 그를 지금과 같이 기록하지는 않을 것입니다. 영업도 마찬가지입니다. 문제를 발견하면 정석대로 풀어야지 떠넘기거나 숨기려고 하면 고객은 금세 알아차립니다. 엉킨 실타래를 풀려면 어디가 어떻게 엉켰는지 보고 힘겹지만 차근차근 푸는 것이 최선입니다. 묘수는 없습니다. "우리가 곤경에 빠지는 것은 뭔가를 모르기 때문이 아니다. 뭔가를 확실히 안다는 착각 때문이다" 마크 트웨인이 주는 해법입니다. 백성을 속일 수 있다고 착각한 주우를 떠올리면 해법은 더욱 분명해집니다.

바늘귀와 실타래

초등학교 2학년 그리고 3학년에 두 분 증조할머니를 거의 동시에 여의었습니다. 1890년대에 태어나셨고 일제 강점기와 전쟁통을 겪으면서도 홀로 자식들을 키우셨던 강하고 지혜롭던 제주의 여인이었습니다.

그런 할머니들 방에 가면 항상 좋은 일이 생겼습니다. 친지들이 간식하시라 놓고 간 눈깔사탕을 몰래 내어주셨습니다. 자연스레 증조할머니 심부름은 제가 독차지했습니다. 평생 물질하셨던 외증조할머니는 아흔이 가까운 나이에도 웬만한 일은 누구에게도 신세 지지 않고 혼자서 하셨는데 오직 바늘귀를 꿸 때만은 예외였습니다.

어느 날 학교에 다녀온 저를 할머니가 찾으시는데 사탕을 먹을 수 있다는 뜻이었으니 한달음에 달려갔습니다. 실 꿰는 거야 식은 죽 먹기니 친구 사탕까지 얻어갈 요량으로 할머니 방에 갔는데 그날은 엉킨 실타래를 풀라는 부탁이셨습니다. 친구와 놀 생각에 마음만 급하니 풀려고 하면 자꾸만 더 엉켰습니다. 대충 푸는 척하고 도망가려는데 눈치를 챈 할머니는 제 손목을 낚아채셨습니다. 아뿔싸! 평생을 물질하셨던 할머니 손아귀 힘이 얼마나 센지 울먹이면서 다 풀겠다고 약속을 한 뒤에야 놔주셨습니다.

그렇게 정정하시던 할머니셨는데 몇 달 뒤 학교에 다녀와서 다녀왔다고 인사드리려 방에 갔더니 미동도 없이 창백한 할머니의 얼굴을 봤습니다.

제가 처음 본 임종臨終이었습니다.

나무가 어지럽게 뒤섞여 있는 모습
棼

棼은 마룻대를 뜻하기도 합니다.
용마루 밑에서 서까래가 걸리게
기둥 사이를 건너지르는 나무를 마룻대라고 한다는
설명에 저도 고개를 갸우뚱거리는데
제 아이들이 이해했을 리 만무합니다.

본 적도 없는 것을 떠올려 이해시키는 것은
거의 불가능에 가까운 일입니다.
유일한 해법은 차근차근 순서대로 알아보는 것.
엉킨 실타래를 푸는 것처럼.

治(다스릴 치)

絲(실 사)

益(더할 익)

棼(얽힐 분)

능근취비 能近取譬
능히 가까운 데서 취해 자기에게 비춰본다면

제자 자공(子貢)이 "만일 백성들에게 은혜를 널리 베풀어 많은 사람을 구제한다면 그것은 어떠합니까? 그것을 일러 어짊[仁]이라 할 수 있습니까?"라고 묻자 공자가 말했습니다. "어찌 어짊에만 그치겠는가? 그것은 반드시 성인의 경지라고 할 만하다. 요순임금조차도 (그렇게 하지 못함)을 병통(病痛)으로 여겼다."며 이렇게 덧붙입니다.

> "인자(仁者)는 자신이 서고자 함에 남도 서게 하고
> 자신이 통달하고자 함에 남도 통달케 하는 것이니
> 능히 가까운 데서 취해 자기에게 비춰본다면
> 어짊을 행하는 방법이라 할 수 있다."
>
> 《논어(論語)》〈옹야(雍也_제자 염옹(중궁) 등 인물 평가)〉 편

"당신에게 꼭 필요하실 것 같아 따로 준비했어요."

여러분은 길을 걷는데 누군가 도움을 청하면 응하시나요? 심리학자들이 어떤 사람이 도움을 주는지를 실험한 적이 있습니다. 여러분은 누구라고 생각하세요? 여자? 남자? 아니면 젊은이? 어르신? 부자? 가난한 사람? 하지만 이런 인구통계학적 구분으로 나뉜 집단에서는 차이가 없

었습니다. 그럼 어떤 이들이 도왔을까요? 바쁘지 않은 사람들이었습니다. 평소에 남에게 우호적인 사람도 급한 일이 있으면 지나쳤고 평생 봉사와 담쌓은 사람도 시간적 여유가 있으면 도움을 줬다는 얘기입니다. 도움은 남을 헤아려야 줄 수 있습니다. 그러면 어떻게 헤아릴까? 타고나는 성품인가? 아니면 뭐지? 고민에 대한 답은 한참 지나서 공자의 이 문장을 읽고 나서야 어렴풋이 짐작할 수 있었습니다. 영업을 시작할 때 한 선배에게 "고객에게 선물하려거든 회사의 사은품이 나와서 드리는 것이 아니라 고객님이 꼭 필요하실 것 같아 따로 준비했다."고 말하라고 조언받았습니다. 돌이켜보니 도움을 선물로, 남을 고객으로 영업적으로 재해석한 말이었습니다. 자신도 먹고 싶지만, 저를 먼저 먹이면서 입으로는 "너 먹는 모습만 봐도 배부르다."라고 말하던 부모님의 마음으로 고객을 대하면 바로 성사되지는 않더라도 두고두고 보고 싶은 단골 같은 파트너를 얻을 수 있지 않을까요?

노어해시 魯魚亥豕
어(魚)를 노(魯)로, 해(亥)를 시(豕)로 잘못 옮기다

두 개의 이야기가 묶여있습니다. 우선 《포박자(抱朴子)》에는 "글자를 쓸 때는 문장 안에 잘못 쓴 글자가 많다는 사실은 널리 알려져 있다. 속담에서도 '책을 여러 차례 베끼다 보면 물고기 어(魚)를 노나라 노(魯)로 쓰고, 빌 허(虛)가 범 호(虎)가 된다.'고 했다." 《여씨춘추(呂氏春秋)》에서는 "자하가 위나라로 돌아가다 어떤 사람이 《사기(史記)》를 읽으면서 "진(晉)나라의 군대가 진(秦)을 정벌할 때 돼지 세 마리[三豕]와 함께 건넜다."고 읊조리는 것을 보고 잘못을 지적했는데 사람들이 나중에 기록을 찾아보니 자하의 말이 맞았다고 합니다.

"틀렸소, 삼시(三豕)가 아니라
기해(己亥) 날에 강을 건넜다라고 읽어야 하오."

갈홍(葛洪), 《포박자(抱朴子)》 〈하람(遐覽_멀리 보다)〉 편
여불위(呂不韋), 《여씨춘추(呂氏春秋)》, 〈찰전(察傳_기록을 살피다)〉 편

"인간은 자신도 속인다."는 말을 이해한다면

"아 다르고, 어 다른 법"이니 남의 말을 옮길 때는 신중해야 합니다. 하지만 단순한 실수라 해도 문제가 되는데 의도를 가지고 혹은 편견으로 잘못 옮긴 경우는 중대한 문제가 되는데 진실을 가리는 경우가 그때입

니다. 대학 시절 교양수업에서 구로사와 아키라 감독의 《라쇼몽》을 본 적이 있습니다. "같은 사건이라도 목격자에 따라 진술이 달라진다. 일방에 대한 편파적 입장이나 불완전한 기억 때문에 엇갈리는 진술이 존재한다." 2,400년 전 그리스 역사가 투키디데스Thukydides의 말에서 모티브를 삼았나 싶을 정도로 법정에 선 증인들은 하나같이 같은 사건에 대해 다르게 진술하고 있었습니다. 사건의 실체는 모호해지면서 왜 저럴까? 인간은 원래 정직하지 못한 존재인가? 하는 물음만 남긴 채 영화는 끝납니다. 그 이후 영화처럼 같은 사건을 놓고 서로의 진술이 다른 상황을 마주할 때마다 과연 나라면 어떤 선택을 할까 고민하게 됐습니다. 그 결과 "제가 본 게 맞습니다." "제가 분명히 기억합니다."라며 자신이 본 것만이 진실이라고 강조하는 사람을 만나면 거부감부터 듭니다. 라쇼몽의 "인간은 자신도 속인다."는 대사처럼 저 역시 자신을 고의든 아니든 계속 사실을 왜곡한다는 걸 부정 못 하기에 "나는 왜곡하고 있다."를 시인하는 듯 들리는 단정적인 말은 더는 하지 않으려 노력합니다.

남만격설 南蠻鴃舌
알아들을 수 없는 앵앵거리는 오랑캐의 말로 지껄이다

공자(孔子)-증자(曾子)-자사(子思)-맹자(孟子)로 이어지는 것이 유학의 정통계보입니다. 같은 시기 제자백가 중 하나였던 농가(農家)는 농업을 중시하고 농경에 힘써서 의식을 충족시켜야 한다고 주장합니다. 대표적 학자가 허행(許行)이란 인물인데 그 제자 중 진상(陳相)이 있었습니다. 그는 처음 유가였던 진량(陳良)에게 배우다 농가의 학설을 받아들이는 것을 보고 맹자가 꾸짖습니다.

> "지금은 알아들을 수도 없는 앵앵거리는
> 오랑캐의 말로 지껄이는 사람이[許行을 일컬음]
> 선왕의 도[儒家를 일컬음]를 비난하는데도
> 자네는 자네의 스승[陳良을 일컬음]을 배반하고
> 그에게서 배우니 참으로 '증자'와는 다르구나."
> 《맹자(孟子)》〈등문공(滕文公_ 왕의 국가통치에 대해 밝히다)〉편

묻지 않는데 말하면 꼰대다

유가를 따르지 않고 농가를 따랐다는 이유로, 그리고 당초 스승을 떠나 다른 스승에게 갔다며 의리 없는 사람으로 비판하는 것은 어느 정도는 이해했지만, 진상陳相이 남만南蠻 지금의 베트남 출신이라 특유의 억

양을 앵앵거리는 소리로 폄훼하는 건 맹자가 좀 심했다 싶었습니다. 책을 조금 더 읽어보니 사건의 전말은 이러했습니다. 맹자를 만난 진상이 허행의 학설로 유가의 허점을 파고들자 문답이 오갔고 결국 화가 난 맹자가 감정적으로 대응한 것이었습니다. 아무리 화가 났기로서니 후학의 말투를 트집잡아 시비로 삼았으니 맹자도 별수 없는 '꼰대'구나 싶었습니다. 맹자도 그런데 저 같은 허점투성이 인간이야 더한 꼰대 짓을 하고 있었습니다.

회의하다 말문이 막히면 태도나 말투를 지적하고, 끝까지 들어보지도 않고 중간에 끊거나 얄팍한 경험을 내세워 윽박지르는 등 그렇게 싫어했던 선배들의 모습은 언제부터인가 제 모습이 됐습니다. 문제는 직장에만 있는 것이 아니었습니다. 집에서 아이들을 대할 때도, 하물며 고객 앞에서도 꼰대스럽게 말하고 있었습니다. 고민이 깊어질 즈음 퇴직 기자 선배를 만났습니다. 그에게서 들은 신박한 해법. "묻지 않는데 말하면 꼰대이고 물을 때 비로소 말하면 어른. 만약 누가 묻더라도 돈 받아야 대답하겠다면 자연스레 물어보지도 않을 것이다." 그러고 보니 앵앵거리는 소음같은 꼰대의 말투를 닮지 않으려면 지불된 비용이 아깝지 않을 만한 말이 아니라면 입을 닫는 것이 최선임을 알게 됐습니다.

장롱작아 裝聾作啞
귀머거리로 가장하고, 벙어리인 척하다

당(唐)나라 최대의 위기였던 안사의 난을 평정한 곽자의(郭子儀)라는 장군이 있습니다. 그를 높이 산 대종(代宗) 황제는 승평공주를 곽 장군의 아들과 결혼시킵니다. 하지만 너무 어린 나이에 결혼한 두 사람은 부모들의 배경만 믿고 부부싸움이 끊이질 않습니다. 어느 날 곽장군의 아들이 공주를 향해 "우리 아버지가 아니었으면 황실은 무사하지 못했을 것이고 아버지가 마음만 먹었으면 황제도 됐을 것"이라 소리치자 공주는 황실에 남편이 반역을 꾀한다고 일러바쳤습니다. 나중에 이를 안 곽 장군은 아들을 데리고 궁에 들어가 엄벌을 청합니다. 이때 대종황제가 죄를 물을 생각이 없다며 다음과 같이 말합니다.

"항간에 '바보가 아니고 귀머거리가 아니면
가장 노릇을 할 수 없다'는 말이 있지 않소.
아녀자들이 규방에서 하는 말에 신경 쓸 것 있겠소."

《자치통감(資治通鑑)》〈당기(唐紀_당나라 역사)〉

높이 오를수록 더욱 허리를 굽혀라

집으로 돌아온 곽자의는 아들에게 직접 곤장 수십 대를 때렸다고 합니다. 그 뒤로 부부는 자신들의 잘못을 깨달아 언행을 바로잡았다고 합니다. 이 일을 두고 타금지打金枝라는 말도 생겼습니다. 금지옥엽金枝玉葉으로 여기는 자식을 때렸다는 뜻입니다. 장군도 황제도 참 현명하게 처신했다는 생각을 했습니다. 제 자식밖에 모르는 이기적 부모와 달리 곽자의는 잘못을 엄하게 다뤄 가르친 덕에 후손들까지 모두 번창하여 오복五福을 누린 인물로 후대 사람들은 평가했습니다. 오복이란 서경書經에 이르길 "천수를 누리고[壽 수], 불편하지 않을 만큼 풍요로우며[富 부], 몸과 마음이 건강하고 깨끗하며[康寧 강녕], 남에게 많이 베풀어 덕을 쌓고[攸好德 유호덕], 고통없이 생을 마감[考終命 고종명]"하는 것인데 이를 모두 누린 대표적 인물이 곽자의 장군이라는 겁니다. 그는 평생 "성실한 노력"과 "고개를 숙이는 겸양" 두 가지를 간직하며 살았다고 합니다. 그러니 겸손하나 비굴하지 않았고, 담대했으나 거만하지 않았습니다. 상대의 적의를 해소하고 갈등을 푸는 데 적극적이었고, 입에 써도 뱉지 않고 삼켰으며, 참고 인내하며, 억울해도 화를 내지 않았고, 적을 친구로 삼음에도 주저함이 없었습니다. 어떡하면 저렇게 살 수 있을까 싶은 정도의 삶이었기에 오복을 누릴 수 있었다고 생각합니다. 바꿔 말하면 오복을 누리겠다면 곽자의 장군처럼 높이 오를수록 더욱 허리를 굽혀야 가능하지 않을까요?

선입지어위주 先入之語爲主
먼저 들은 말만이 옳다고 믿고 생각을 굳히다

식부궁(息夫躬)은 전한(前漢) 애제(哀帝) 때 인물로 북방 흉노의 침공을 대비해서 국경을 강화해야 한다고 상소를 올렸습니다. 그러자 애제는 승상(丞相) 왕가(王嘉)와 상의했으나 왕가는 낭설이라며 식부궁의 주장을 조목조목 지적했습니다. 진나라 목공이 백리해와 건숙의 말을 듣지 않고 간신들의 교묘한 말만 믿고 정나라를 침공했다 큰 낭패를 본 사례를 들며 훗날 자신의 행동을 뉘우치고 원로의 말을 존중했기에 목공은 훌륭한 군주가 될 수 있었음을 강조하며 그를 모범으로 삼아야 한다고 주장합니다.

"옛 교훈을 명심하시고 거듭 생각하신다면
먼저 들은 말만이 옳다 믿고 생각을 굳혀서는 안 됩니다."

《한서(漢書)》〈식부궁(息夫躬_전한 말 나라를 위태롭게 했던 식부궁을 기록)〉 전

Don't be prejudiced !

선입견先入見은 이 고사에서 주主를 견見으로 바꾼 것이라고 합니다. 선입견은 고정관념固定觀念으로 쉽게 변합니다. 고정관념이 생기면 그때부터는 어떤 얘기도 올바르게 들리지 않습니다. 일을 그르치고 나서도 자신의 잘못을 인정하기보다는 남 탓이나 주변 여건으로 돌리게 됩니

다. 문제는 고정관념을 극복하지 못하면 비슷한 상황이 다시 반복된다는 겁니다. 한 번 실수는 할 수 있다 쳐도 같은 실수를 반복하는 건 우연이 아니라 필연임을 말해줍니다.

저 역시 자기 확신이 강한 사람입니다. 제 직관이 틀릴 수 없다고 생각했을 때 모든 문제가 생겼습니다. 마치 오랫동안 업데이트를 못한 네비게이션을 가지고 신도시를 운전하는 셈이랄까? 새로 난 길은 선뜻 들어서기가 주저되고 알았던 길도 바뀐 지형지물에 당황하기 일쑤입니다. 때마다 왜 업데이트를 안 해서 이 고생을 하나 후회하지만 때는 늦었습니다. 삶도 마찬가집니다. 수시로 업데이트를 하지 못한다 해도 정기 업데이트는 꼭 하셔야 당황스런 일을 덜 당합니다. 하지만 과연 우리 중 얼마나 자신의 삶을 업데이트하고 있을까요? 공부는 대학교 졸업하면서 끝이고 책은 학생이나 읽는 것으로 치부하니 자신을 업데이트할 기회가 없습니다. 배움에 대한 편견이 성장을 방해하고 있는 것입니다. 성공하고 싶은 그대여. 선입견부터 깨십시오!

거울이 아니라 상대방에게 비친 얼굴이 내 참모습입니다

사람마다 외모가 다릅니다. 그 외모를 보는 것을 관상觀相이라 합니다. 얼굴에 사람의 길흉화복吉凶禍福이 다 담겨있다고 믿기 때문에 얼굴을 들여다보면 미래를 예측할 수 있다 믿은 겁니다. 학창시절부터 명리학에 관심이 있던 터라 몇 권 읽은 적이 있습니다. 그러다 더 이상 명리학 책을 읽지 않게 한 문장이 있었습니다. "四主不如觀相(사주불여관상)

觀相不如心相(관상불여심상)" 아무리 사주가 좋아도 관상보다 못하고 관상이 아무리 좋아도 심상(마음가짐)보다 못하다면 사주나 관상을 공부할 필요가 없겠다 싶어서였습니다. 차라리 상대방의 마음을 읽는 편이 훨씬 도움이 되겠다 싶어 심리학이나 고전으로 눈을 돌렸습니다. 특히 고전古典 중 제자백가諸子百家의 얘기는 지금도 즐겨 읽습니다. 강의할 때 한 문장에 메시지를 응축하고 있어 좋고, 왠지 화이트보드에 한문으로 문장을 써 놓으면 관심이 더 집중되는 것 같아 좋은 글귀는 메모해뒀다가 직원교육에 활용했습니다. 그리고 그렇게 모인 자료가 지금 이 책의 소재가 됐습니다.

제가 영업 과장님들(여성이 대부분임) 교육할 때 가장 많이 쓰는 묵자의 경구가 있습니다. "不鏡於水 以鏡於人(불경어수 이경어인)_ 물에 비추지 말고 사람에게 비춰라." 한문으로 화이트보드에 써놓으면 대부분 읽기는 하나 무슨 뜻인지 어리둥절해합니다. 해석을 해줘도 별반 달라지지 않습니다. 우선 물에 비춘다는 말뜻부터 갸우뚱하니 찬찬히 그 뜻을 풀이합니다. 예전에 거울은 유리거울이 없었고 대부분 구리거울입니다. 그래서 거울 경鏡에는 쇠 금金이 들어간다는 말과 구리거울은 상류층의 것이니 서민들은 개울가나 두레박에 비친 모습으로 용모를 정비했으니 그래서 물에 비추지 말라는 얘기는 거울 보지 말라는 뜻이 된다고 설명합니다.

그건 알겠는데 사람에게 비추라는 얘기는 또 뭔가 묻습니다. 상대방의 안색을 보면 자신이 어떻게 보이는지 알 수 있다는 뜻이라고 말해도 가볍게 고개만 끄덕일 뿐 도통 이해한 것 같지가 않습니다. 이때 이성계와 무학대사의 이야기를 꺼냅니다. 조선을 세우고 왕이 된 이성계가 하루는 왕사였던 무학대사와 회포를 풀 기회가 생겼습니다. 술이 몇 순배 돌자 취기가 오른 이성계가 장난끼를 발동합니다. "대사 오늘은 기분이 좋으니 예전으로 돌아가보는 게 어떻소?" "좋습니다." "그럼 서로의 얼굴에 대해 가감없이 말해보면 어떻소?" "좋습니다. 전하부터 하시지요." 그랬더니 이성계가 무학을 향해 "당신은 꼭 돼지처럼 생겼구려."라고 말하며 박장대소했습니다. 잠시 어색한 침묵의 시간이 흐르고 "전하는 부처님처럼 생기셨습니다."라고 무학이 답하자 이성계가 "아니 대사 오늘은 기분 좋게 농짓거리나 하려 했는데 날 보고 부처처럼 생겼다니 흥이 깨지는구려."라고 말하니 무학의 유명한 한 마디가 나옵니다. "佛眼佛視豚目豚視(불안불시 돈목돈시)" 부처님 눈에는 부처만 보이고 돼지 눈에는 돼지만 보인다며 왕이 돼지의 마음으로 자신을 보니 돼지로 본 것이라 비꼰 것입니다. 누구나 한 번쯤은 들었을 법한 이야기라 연신 고개를 끄덕이며 미소 짓게 됩니다. 이때를 놓치지 않고 한 걸음 더 나갑니다. "저는 여러분이 고소영으로 보이는데 여러분은 제가 누구로 보이십니까?"라고 하면 눈치빠른 과장님 한 분이 "장동건"을 외칩니다. 그때야 뒤늦게 뜻을 알아차린 과장님들이 따라 웃으며 교육을 마무리합니다.(정비사업분야에 일하시는 분들 사이에서 저는 "장동건"으로 불립니다. 언제적 장동건이냐며 핀잔을 주시는 분도 계셔서 다른 사람으로 바꾸려고 하지만 마땅한 인물이 떠오르지 않아 20년 가까이 장동건을 고집합니다) 이쯤 되면 대부분은 사람에게 비춘다는 뜻을 이해합니다. 여러분이 갑질 당하고 싶지 않다면 고객을 정중하게 대하면서도 함부로 하지 못할 만큼의 내공(업무지식 등)을 갖춰야 한다고 말하면서 교육을 마무리합니다.

집에서 왕 대접을 받고 싶으면 배우자를 왕비로 대우하라는 말이 있습니다. 자신이 존중받으려면 어떻게 해야 하는지 가장 쉽게 이해시키는 말이라 생각합니다. 그래서 경쟁 수주에 나설 때면 사무실 벽면에 "조합원을 애인처럼"이라고 쓴 플랜카드를 걸어놓습니다. 좋은 것이 생기면 주고 싶고 맛난 것은 나눠 먹고 싶은 그런 마음으로 조합원을 대해야 수주에 성공할 수 있다는 의미를 담고 있다 설명합니다. 반대로 조합원이 애인이라면 여러분의 모든 것에 관심을 가질 테니 거짓말이나 속임수를 쓰거나 모르는 것을 아는 척해서는 절대 안 된다고도 당부합니다. 그러면서 아이를 키우면서 아버님께 혼났던 경험을 말합니다.

어느 여름날 시골에서 친지 결혼식에 참석차 부모님이 올라오셨습니다. 유치원에 다니는 아들과 함께 결혼식장에 가는데 여름인지라 걷기 힘들다며 징징대는 아들에게 아빠 말 잘 들으면 집에 갈 때 아이스크림을 사주겠다고 꼬셔 간신히 달랬습니다. 행사가 끝나고 부모님을 모시고 집으로 돌아와 평상복으로 갈아입는데 소파에 앉아계시던 아버지께서 "뭐 잊은 게 없냐?"며 물으셨습니다. 뜬금없는 질문이라 뭘 까먹었나 생각해봤는데 딱히 떠오르는 게 없어 "죄송한데 제가 뭘 잊었습니까?"라고 되묻자 아까 손주 녀석 아이스크림 사준다고 하지 않았느냐는 말에 대수롭지 않게 "에이 난 또" 하며 돌아서려는 차에 아버지가 진지한 얼굴로 "애들은 부모 등 보면서 자란다"는 말을 덧붙이셨습니다. 아이를 정직하게 키우고 싶다면 부모부터 아이와의 약속을 지켜야 한다는 말이었습니다. 아버지가 작고하신 뒤 읽은 책에서 일본 속담이라는 사실을 알게 됐지만 아버지가 하신 말씀이 아니라고 가치가 훼손되는 것은 아니기에 지금껏 유훈遺訓으로 마음에 간직하며 기회가 있을 때마다 에피소드로 소개합니다.

제게 아버지는 그런 거울이었습니다. 지금도 고민스러울 때마다 아버지라면 어떻게 했을까를 먼저 생각해봅니다. 과묵하셨지만 속 깊으셨던 아버지, 자식과의 대화에서조차 말하기보다 질문을 더 많이 하셨던 아버지, 아버지의 모습을 닮고 싶었기에 아버지를 기억하시는 어르신들이 저를 보고 아버지를 많이 닮았다고 하면 그보다 더 기분 좋은 찬사는 없었습니다. 그런 아버지와의 일화를 하나 더 소개합니다. 아흔일곱의 나이로 세상을 뜨신 할아버지는 일 년 뒤 탈상脫喪으로 마무리했습니다. 친족들이 모두 돌아가고 식구들만 남게 되자 남은 음식에 소주 한 잔 마실 때였습니다. 그간 궁금했던 질문인 "할아버지가 안 계셔서 뭐가 제일 아쉬우시냐?"고 묻자 아버지는 이렇게 말하셨습니다. "물어볼 사람이 없다." 제 기억 속에 아버지는 할아버지와 대화가 거의 없었습니다. 있다 해도 간단한 문답에 불과했습니다. 그럼에도 여든을 앞둔 아버지가 말년에는 거의 거동조차 못 했던 할아버지의 부재를 그렇게 이해하신다는 사실에 깜짝 놀랐습니다. 일제 강점기에 태어나 4·3과 6.25를 함께 겪으면서 부자지간에 가졌던 서로에 대한 믿음이 느껴지자 눈물이 주르르 흘렀습니다.

　십여 년이 지나고 아버지께서 돌아가시고 나니 비로소 아버지 말씀의 진의를 다시 생각해봤습니다. 물어볼 대상의 부재가 이렇게 외로운 것임을. 집안에는 우애 깊은 형제들이 있고 사회에서도 좋은 선후배 친구들이 있어 물을 수 있고 고민을 나눌 수 있지만, 아버지와 나누는 고민은 전혀 다른 것이었습니다. 아버지가 느끼셨을 외로움을 오롯이 저도 감당해야 한다고 마음을 다잡으니 누군가 제게 물어올 때 최선을 다해 답하려고 합니다. 귀찮고 성가신 일이지만 얼마나 간절했으면 나에게 물었을까 싶기도 하고 그래도 물어볼 대상이 된 게 얼마나 다행이냐 싶어서입니다. 하지만 제가 답할 만한 내용이 아니라면 어설픈 조언보다는 다른 사람을 찾아보라 권하면서 돌려세울 때도 많습니다. 그러면서 조그만 소망을 가져봅니다. 나도 누군가의 거울이 되고 싶다고.

4부

하로
夏爐

여름 난로처럼 격이 맞지 않는 것은 없애야[6]

---

6 〈논형論衡〉, 〈봉우達遇편 하로동선夏爐冬扇〉에서 따옴

당랑거철 螳螂拒轍
사마귀가 수레에 맞서다

제나라 장공(莊公)이 어느 날 사냥 가는데 사마귀 한 마리가 다리를 들고 수레바퀴로 달려들었다. 그 광경을 본 장공이 부하에게 "용감한 벌레구나. 저놈의 이름이 무엇이냐?"고 물으니 이렇게 답했습니다.

"예, 저것은 사마귀[당랑, 螳螂]라는 벌레인데
앞으로만 나아갈 줄 알고 물러설 줄 모르며
제힘은 생각지 않고 한결같이 적에 대항하는 놈입니다."

전한(前漢)시대 회남왕(淮南王) 유안(劉安), 《회남자(淮南子)》

무모함은 용기가 아니다

감당하지도 못할 일에 자신의 능력을 과신하면서 현실을 부정하고 상대방을 업신여기면 위태로워지는 것은 너무 자명합니다. 현실은 감정이 없는 것이기에 판단은 냉정해야 합니다. "하룻강아지 범 무서운 줄 모른다."는 얘기를 많이 합니다. 저 역시 한때는 하룻강아지였습니다. 뭐든 밀어붙이면 된다고 믿던 시절이었습니다.

IMF가 터지고 회사 상황이 어려웠던 시절 미분양이 쌓이면서 판촉을 다녀야 했습니다. 부서마다 판매량이 정해졌고 저는 지인들을 통해 다행히 할당량을 채울 수 있었습니다. 하지만 여전히 판매량을 채우지 못하는 선배들이 있었고 그들을 무시하고 조롱(?)하기까지 했습니다. 그러나 미분양 판촉은 그 뒤에 몇 번 더 진행됐습니다. 제 주변에는 이미 살 사람들은 다 산 상태였기 때문에 저 역시 판매량을 채우지 못했습니다. 그때가 돼서야 제 무례함에 상처받았던 이들을 이해할 수 있었습니다. 아마도 그 선배들의 마음은 말 안 듣는 딸을 두고 "너도 꼭 나처럼 그런 딸 놓고 살아봐라."는 엄마의 심정이 아니었을까 생각하면 지금도 얼굴이 화끈거립니다.

이란격석 以卵擊石
계란으로 바위를 치다

순자(荀子)가 조(趙)나라 효성왕과 '전쟁'에 대해 토론한 적이 있습니다. 한 신하가 "전쟁은 천시(天時)와 지리(地理)를 이용하고 적의 동정을 보아 기선을 잡는 것이 중요합니다."라고 말하자 순자가 민심을 모으는 것이 먼저라며 반대합니다. 그러자 "손자병법(孫子兵法)에도 형세를 판단하는 것이 핵심이고 전략과 임기응변이 중요하다 했으니 민심과는 별개입니다."라고 말하자 순자가 임기응변으로 공격하는 것은 제왕의 용병술이 아니라 제후의 용병술이라면서 그와 같은 방법으로 공격하면 반드시 실패한다고 말하면서 이렇게 비유합니다.

> "계란으로 바위를 치는 것과 같고,
> 손가락으로 끓는 물을 젓는 것과 같으며,
> 물이나 불 속으로 뛰어드는 것과 같아서
> 넣자마자 불타고 빠져 죽을 것입니다."
>
> 순경(荀卿), 《순자(荀子)》〈의병(議兵_군사 이론을 논하다)〉 편

비난에 앞서 얼마나 공감시키려 했나를 먼저 물어야

"계란으로 바위를 치는" 경우라는 말을 언제 할까요? 약자가 강자를 이기려 하면 안 된다며 경고할 때 주로 강자의 입장을 대변합니다. 혹은

도저히 일을 감당할 수 없음을 설명할 때 쓰기도 합니다. 이번에는 약자의 입장입니다. 또 다르게 쓰기도 합니다. 문제를 만나면 겁에 질려 시도조차 않으려는 자신을 합리화시킬 때 비겁한 변명으로 씁니다. 경쟁자에게 자신의 영역을 침범하면 크게 다칠 거라며 협박할 때 사용하기도 합니다. 강자의 입장이지만 협박만 있는 것도 아니고 약자의 입장이라고 모든 말이 변명은 아닙니다. 그 안에 담긴 진의를 읽어야 구분할 수 있습니다.

후배가 행동을 주저하면 왜 그런지를 자세히 묻지도 않고 "왜 포기부터 생각하냐"고, "열 번 찍어 안 넘어가는 나무 없다"고 화부터 냈습니다. 그러다 후배들에게 제대로 알아보지도 않고 왜 화부터 내냐며 거센 반발을 몇 번 당하다 보니 어디서부터 잘못됐지? 하는 생각과 놓친 게 있는지를 되물었습니다. 고민 끝에 내린 결론은 목표에 얼마나 공감했는가에 따라 다르게 해석될 수 있구나 였습니다. 더욱이 MZ 세대는 공감대 없이 몰아세운다고 움직일 사람들이 아닌데 하는 생각이 들자 비로소 순자가 말한 민심民心을 이해할 수 있었습니다. 죽음으로써 지켜내겠다는 마음을 공감시키지 못한 리더는 그저 자신을 사지로 내모는 원망의 대상일 뿐이었습니다.

상저옥배 象箸玉杯
상아(象牙) 젓가락과 옥으로 만든 잔

중국 상나라 마지막 임금 주왕(紂王)은 총명하고 용맹했지만, 자신의 재능을 과신해 신하들의 충고를 무시했습니다. 술과 여자에 빠져 있던 그가 상아 젓가락을 만들게 하자 기자(箕子_ 조선으로 와 기자조선을 세웠다고 알려짐)가 나라의 운명을 걱정하며 남긴 말에서 상저옥배는 비롯됩니다. 그의 걱정처럼 5년이 지나지 않아 주왕은 쫓겨나고 상나라는 망하고 맙니다.

> "상아 젓가락으로 식사를 하면
> 사용하던 질그릇 대신 옥으로 그릇을 만들게 하고
> 상아 젓가락과 옥 잔을 쓰게 되면
> 평범한 음식 대신 진귀한 음식을 찾을 것이다.
> 그래서 나는 상아 젓가락이 두렵기 그지없다."
>
> 한비(韓非), 《한비자(韓非子)》 〈유료(喩老_노자를 빗대어 말하다)〉 편

파노폴리 panoplie effect라는 환상

경제학에는 파노폴리 효과라는 현상이 있습니다. 어린아이들이 전쟁 놀이를 하면서 마치 자신이 장군이 된 것처럼 행동하듯이 명품가방을 들고 고급 수입차를 타면 상류층에 속한다는 환상을 느낀다는 것입

니다. 보다 높은 사회적 평가를 얻고자 하는 열등감의 일종입니다. 영업 현장에서 과하게 명품으로 치장하거나 고급 차를 자랑하는 사람을 마주할 때마다 불편한 감정이 드는 때가 있습니다.

특히 고객이 아니라 영업하는 입장이라면 과한 치장은 오히려 역효과가 일어나는 경우를 많이 지켜봤기 때문입니다. 겉모습에 신경 쓸 시간에 파는 제품과 시장환경에 대해 조금이라도 더 할애하자는 말은 그래서 당연합니다. 언어는 사고思考라는 표현이 있습니다. 우리가 쓰는 말, 하는 행동에 본질이 숨어 있습니다. 내가 상대방을 파악하려 하듯 상대방 역시 나의 겉모습과 언행으로 나를, 상대방의 본질을 꿰뚫고 있음을 잊지 않았으면 좋겠습니다.

도고일척 마고일장
道高一尺 魔高一丈

도(道)가 한 자쯤 올라가면 마(魔)는 한 길쯤 높아진다

고려말에 불교를 개혁하려 했던 보우(普愚)라는 스님이 있었습니다. 그는 원나라에서 임제종(臨濟宗)을 배워 귀국한 뒤 선종(禪宗) 중심으로 불교를 개혁하려 했습니다. 고려의 마지막 개혁 군주였던 공민왕은 그의 개혁 의지를 높이 평가해 국사(國師)로 임명였으나 권문세족과 신돈(辛旽) 등 기존 불교계의 반대로 유배를 당하면서 실패로 끝납니다. 원나라에 있을 때 그의 스승이 시를 잘 짓는 석옥청공(石屋淸珙)이라는 스님이었고 선사의 말과 시를 정리한 책이 석옥청공선사어록(石屋淸珙禪師語錄)입니다. 만속장(卍續藏)에는 다음과 같은 시구가 있습니다.

> "도(道)가 한 자(30cm)쯤 올라가면
> 마(魔)는 한 장(3m)쯤 높아지지.
> 그대의 기량에는 다함이 있지만
> 나의 분별없음에는 끝이 없다네."
>
> 지유, 《석옥청공선사어록((石屋淸珙禪師語錄)》〈만속장(卍續藏)〉

책임질 준비가 안 된 일은 하지 않아야

"정도正道가 일 척 올라가면 사마邪魔는 일 장 올라간다."는 말은 무협지를 즐겼던 세대라면 한두 번은 들었을 법한 표현입니다. 지금까지 회자되는 것을 보면 석옥청공 선사가 원조가 아닐 수도 있지만 많은 이의 공감을 얻은 표현임은 틀림없습니다. 선사는 수도자가 경계해야 할 의미로 썼겠지만, 지금은 "명성을 쌓는 것은 오래 걸려도 그 명성을 허무는 것은 순식간" 정도로 이해해도 좋은 표현입니다.

얼마 전 음주운전 바꿔치기 사건으로 세상을 떠들썩하게 했던 김**이라는 트롯 가수의 사례가 좋은 예일 것입니다. 두려운 마음에 거짓말로 위기를 모면하려 했겠지만, 진실이 드러나는 순간 모든 것은 나락으로 떨어졌습니다. 거짓말을 하다 들키면 어릴 적에는 부모의 훈계 정도로 끝나지만 성인이 되고부터는 그 대가가 혹독합니다. 그렇다면 어떻게 처신해야 할까요? 이어지는 문장에 힌트가 있습니다. 분별없음은 즉 집착하지 않는다는 뜻이니 항상 자신이 할 수 있는 최선의 결정을 내리고 그 결정의 결과를 책임지겠다는 태도로 살면 됩니다. 그러면 안 좋은 결과에도 후회도 아쉬움도 남기지 않고 받아들일 수 있습니다.

무협지와 마블 코믹스

김용金庸, 《영웅문英雄門》

질풍노도(疾風怒濤)의 시기를 건네준 고마운 이름을 아십니까?

입시를 앞두고서도 방학만 되면

만화방에서 빌려온 무협지를 밤새 읽다 꾸중을 먹어도

자취생 시절 비디오 방 주인아저씨가

《삼국지》시리즈 50 편을 한 번에 다 본 사람 처음 본다며 놀랬어도

퇴근 후 늦은 밤에도, 주말에도

새로운 무협 시리즈만 나왔다면 리모콘을 못 놓는다고 놀림 받아도,

세상은 무림이었고 저는 협객으로 살고 싶었습니다.

아들이 크면서 마블과 DC 코믹스의 히어로물 영화를 같이 보고선

저런 말도 안 되는 초능력을 가진 인물이 있을 것 같냐고?

그랬더니 아들이 되문습니다.

그럼 "아버지는 하늘을 붕붕 나는 검술의 달인이 있을 것 같냐고?"

그러면서 덧붙이는 한 마디

"과거에 그런 사람들이 있었다면 왜 지금은 없냐고,

 미래면 아이언맨이나 배트맨은 잘 하면 가능하지 않겠냐고?"

있지도 않은 과거의 환상에 열광하느니

차라리 가능성은 희박하겠지만 미래가 더 낫다는 아들의 말에

MZ 세대가 왜 중국을 싫어하는지 이유를 알 것만 같았던 건

제 기분 탓이었을까요?

무술武術이 뛰어난 협객俠客

武俠

"무림고수武林高手는 장강長江의 모래보다 많다."
칼 한 자루에 의지해 천하를 떠돌며 풍파를 겪다가
운명처럼 손에 쥐게 되는 비급祕笈 하나로
세상을 평정하는 무림지존武林至尊에 열광했다.

正道 vs 邪魔

호방하고 의협심이 강한 협객이라야 정도를 걷고
사악하고 음흉한 이는 사마에 빠지니
무릇 사나이 대장부라면 의기롭게 살아야.

俠(의로울 협)

正(바를 정)

道(길 도)

邪(간사할 사)

魔(마귀 마)

파천황 破天荒
천황을 깨다

중국 당(唐)나라가 왕조를 열고 100년이 지나도 형주(荊州, 오늘날의 호북성) 지역에서는 과거 합격자가 한 번도 나오지 않았습니다. 그래서 세상 사람들은 형주를 "미개한 땅" 혹은 "흉작으로 잡초가 우거진 황무지"라는 뜻의 천황(天荒)이라 부르며 조롱했습니다. 그러자 유세(劉蛻)라는 인물이 처음으로 과거에 급제하자 사람들이 기뻐서 이렇게 말했습니다.

> "파천황(破天荒_천황을 깼다).
> 드디어 형주도 개명(開明)할 때가 왔다."
>
> 송나라 손광헌(孫光憲), 《북몽쇄언(北夢瑣言)》 〈파천황해(破天荒解)〉 편

Everything worth pursuing comes with a little pain.
The trick is not minding that it hurts

이전에 들어본 적이 없다는 뜻의 전대미문前代未聞, 지금까지 아무도 개척한 적이 없다는 전인미답前人未踏, 일찍이 일어난 적이 없던 일 미증유未曾有와 같은 의미로 아무도 하지 못한 일을 해냈을 때 혹은 해낸 사람을 파천황이라고 합니다. 고교 때 자신이 속한 이너서클 명칭이 "파천

황"이었다는 후배를 만난 적이 있습니다. 괜히 어감이 멋있어 선배들에게 그 뜻을 묻지 않았는데 제게 유래를 듣고선 깜짝 놀랐다며 뭔가 낡은 전통을 깨는 호쾌한 사람 정도로 알고 있었다고 얘기했습니다. 아마 무협지를 통해 파천황을 접한 사람은 비슷할 듯싶습니다. 그 뜻이 무엇이든 지금도 파천황을 준비하는 사람들이 있을 것입니다. 예전처럼 고시에 합격하는 것만이 그 길은 아닙니다. 다양한 분야에서 아무도 시도해 보지 않은 새로운 도전을 선택하고 업적을 남긴다면 진짜 파천황이라 믿습니다. 목표로 삼을 가치가 있는 것에는 고통이 따릅니다. 중요한 것은 고통을 견뎌내는 마인드입니다. 현장에서 문제를 해결하기 위해 육체적 정신적 압박을 견뎌내며, 편견에 도전하는 후배들의 모습이 서툴고 위태로워 보이기도 하지만 저는 그들에게 "아름다운 도전"이고 "무모한 도전이 아니라 무한도전"이라며 항상 그들을 응원합니다.

추주어륙 推舟於陸
뭍에서 배를 밀다

장자(莊子)는 공자(孔子)에 대해 비꼬는 글을 많이 남깁니다. 공자가 위(衛)나라로 유세를 떠났을 때 제자 안연(顔淵)이 노(魯)나라의 음악장인 태사(太師) 사금(師金)이라는 인물에게 스승의 앞날에 관해 묻자 "옛날과 지금은 물과 뭍의 차이고 주나라와 노나라의 차이는 배와 수레의 차이"라면서 "육지에서 배를 미니 공도 없고 몸에 재앙만 생길 것"이라며 공자는 무한(無限)한 변화의 도를 모른다고 비판합니다.

"무릇 물길을 가려면 배를 쓰는 것이 제일이고
땅 위를 가려면 수레가 제격이다.
그런데 배가 물 위에서 갈 수 있다고
땅 위에서도 밀고 가려면
죽을 때까지 해도 멀리 가지 못할 것이다."

《장자(莊子)》,〈외편 천운(外篇 天運_하늘은 움직이고 있는가?)〉

성공 방정식은 유통기한이 있습니다

임원이 된 후 신입사원 면접을 자주 들어갑니다. 면접관으로서 제가 자주 던지는 질문은 "어떤 업무를 희망하는지"입니다. 영업을 지원하는 이는 별로 없고 기획企劃업무를 하고 싶다는 지원자가 압도적으로 많습니다. 그래서 기획업무를 어떻게 하겠느냐고 다시 물으면 학교에서 Case study도 많이 했고, 공모전에도 많이 참여했으니 할 수 있다고 말합니다. 참 답답했습니다. 기획이란 회사가 가용할 수 있는 자원에 대한 이해가 선행되고 시장 상황도 고려한 다음 적절한 시기를 선택하는 것인데 조직이나 시장 상황을 전혀 알지 못하는 신입사원이 할 수 있다는 대답은 현실을 모른다고 생각할 수밖에는 없습니다. 특히 지원자들이 얘기하는 사례연구는 영업에서는 독毒일 수 있습니다. 경쟁 프로젝트에서 효과적이었던 것은 다음에는 거의 사용하지 않는 것이 제 불문율입니다. 경쟁자들은 왜 우리가 이겼고 자신들이 졌는지 분석합니다. 그리고 다음 프로젝트에는 그에 대한 대비를 반드시 하고 옵니다. 당연히 똑같은 전술로 접근하면 질 확률이 커지는데 고집할 이유가 없었기 때문입니다. 매번 변해야 하는데 바뀌지 않는 매뉴얼이 있을 수 없습니다. 장자가 공자를 비꼬는 이유와 같습니다.

인개매 맹자부지 人皆寐 盲者不知
모두 잠들어 있으면 장님을 못 알아본다

한비자(韓非子)는 군주는 사이비(似而非)를 잘 구분해야 한다며, 일을 맡겨봐야 능력이 있는지 알 수 있다면서 말재주에 현혹되어 그들을 존대한다면 보지도 않고 그들의 눈이 좋다고 평가하는 것이고 대답하기도 전에 그들의 언변이 뛰어나다고 판단하는 것과 마찬가지라면서 다음과 같은 비유를 듭니다.

> "사람들이 모두 잠들어 있으면
> 그 가운데 장님이 있어도 알 수가 없고,
> 모두가 입을 다물고 있으면
> 그 가운데 벙어리가 있어도 알 수 없다."
>
> 《한비자(韓非子)》〈육반(六反_정도(正道)와 상반되는 여섯 가지 일)〉편

사이비를 가려낼 안목을 갖고 싶다면

겉보기에는 비슷하지만 속은 전혀 다른 것을 "사이비似而非"라고 합니다. 영업을 하다 보면 소위 자신을 "전문가"라 말하는 사이비들을 많이 만납니다. "흥정은 붙이고 싸움은 말리라."고 했는데 반목과 대결을 부추기는 말을 쏟아내는 그들은 전문가일 수 없습니다. 전문가는 문제를

정확히 진단하고 합리적인 해결책을 제시하는 사람입니다. 하지만 강단에서만 머물렀던 이론가와 많은 경험을 강조하지만 과거에 머무는 현장 출신은 서로를 "이론을 모르네." "현실을 무시하네." 하면서 자신들만이 옳다고 할 뿐입니다. 의견 조율이나 해결책 모색은 보이지 않습니다.

그래서 저는 그들을 사이비라 여깁니다. 영업 노하우는 대부분 경험을 통해 얻습니다. 그렇다고 이론을 등한시하면 고치기 어려운 습관처럼 변화에 둔감해집니다. 이론과 경험을 함께 추구해야 하는 이유입니다. "왜 저 사람은 나와 의견이 다를까?"가 아닌 "저 사람은 내가 경험하지 못한 무엇을 경험했기에 그런 견해를 갖고 있을까? 만일 저 사람과 같은 경험을 한다면 나도 저렇게 생각하게 될까?"라고 스스로 물어볼 때 사이비를 구분할 안목이 생깁니다.

가치를 알아보는 눈, 안목에 대하여

안목에 대한 사전적 정의는
"사물을 보고 분별하는 견식見識"입니다.
견식은 "견문見聞과 학식學識"이니
보고들은 경험과 배움에서 얻은 지식이 바탕 되는 능력을 뜻합니다.

철저하게 후천적으로 습득되는 능력인데도
선천적으로 타고나는 것이라 믿었던 적이 있습니다.
그래서 안목을 못 갖춘 제 원망의 대상은

엉뚱하게도 조상 탓이었습니다.
그렇다고 대놓고 조상 탓이라고 하면 부모님 얼굴에 먹칠하는 거라
안목이 있는 척 위장하는 것으로 해결하려 했습니다.
한 번 거짓말하니 그 잘못을 덮으려 또 다른 거짓말을 하게 되고
결국, 들통나고서야 거짓말을 멈췄습니다.

우리의 삶에서 가치 있는 것, 진짜를 가려내는 안목은
스펙을 통해 드러나지 않습니다.
경험했다고 모두 갖게 되는 것도 아닙니다.
배움을 내 것으로 만들지 못하면 그저 약장수에 불과합니다.

그래서 안목은
직관을 따르되 의심하고 또 의심할 때 가질 수 있고
믿고 싶은 대로 보지 말고 있는 그대로를 깊이 볼 때 생기니,
누구나 보지만 아무에게나 보이지는 않는 경지를 보여줍니다.

가치를 알아보는 눈
眼目

잠든 사람 중에서 어떻게 장님을 구분하며
입을 다물고 있는 사람 틈에서 벙어리를 골라내나?
없다.
눈을 뜬 다음 물건을 보여주고 질문을 해봐야,
말을 시켜보고 들어봐야 안다.
보지도 않고 그의 눈이 좋다거나
대답하기 전에 그의 언변이 좋다고 평가하는 것
이것이 사람을 부리는 자가 가장 경계해야 할 일.7

人(사람 인)

皆(다 개)

寐(잠잘 매)

盲(소경 맹)

者(놈 자)

不(아닌가 부)

知(알 지)

---

7 《한비자(韓非子)》〈육반(六反)〉에서 이어지는 문장을 풀어씀.

상옥추제 上屋抽梯
지붕 위에 유인한 뒤 사다리를 치우다

유비(劉備)가 조조에게 쫓겨 형주의 유표(劉表)에게 의탁할 때였습니다. 유표에게는 유기(劉琦)와 유종(劉琮)이라는 아들이 있었는데 둘 간의 권력다툼이 생기면서 맏아들인 유기 대신 후처 소생의 유종에게 넘기려고 합니다. 그러자 위기를 느낀 유기는 유비의 책사인 제갈공명(諸葛孔明)에게 도움을 청합니다. 하지만 집안일이라며 번번이 부탁을 거절합니다. 그러자 유기가 꾀를 내어 높은 누각에서 연회를 열었고 초대받은 제갈량이 올라가자 사다리를 치워버립니다. 궁지에 몰린 제갈량은 그제야 유기를 위한 방책을 세워주고 유기는 곧바로 아버지에게 외지로 파견해달라고 요청하여 화를 면할 수 있었습니다. 중국 병법서인 36계(三十六計)의 28계에서 "상옥추제"를 이렇게 설명합니다.

> "거짓으로 편의를 제공하여 유인하고,
> 도움을 단절한 후에 사지로 몰아넣어 해(害)한다.
> 부당하게 이익을 취하면 반드시 재난이 따른다."
>
> 진수(陳壽), 《삼국지(三國志)》〈제갈량(諸葛亮)〉전

상처는 아물지만 흉터는 남는다

사람을 지붕 위에 올려놓고 사다리를 치우는 건 비열한 방법입니다. 그래서 삼십육계에서도 부당하게 이익을 챙기기 위한 것이라면 해서는 안 된다는 말을 덧붙였다고 생각합니다. 유기는 생사의 갈림길에 서 있었습니다. 그리고 궁지에 몰린 제갈량을 향해 청을 들어주지 않으면 자신은 이 자리에서 자결할 것이고 그러면 당신도 결코 여기서 내려가지 못한다고 말합니다. 이 말을 들은 제갈량은 웃으면서 방책을 알려줬고 유기는 큰절을 하면서 감사를 표합니다.

하지만 현실에서 유기처럼 절박한 상황에 내몰려 부정한 방법이라도 써야 하는 경우는 거의 없습니다. 선배들에게 "수주 경쟁이 붙으면 수단과 방법을 가리지 말로 이기고 봐야 한다."고 배웠습니다. 그래서 불법(?)이고 위험한 일도 해야 하나 하는 유혹에 수시로 빠져들곤 했습니다. 하지만 명분이 없었기에 선택하지 않았습니다. 수주만 따내면 그만이라는 생각으로는 명분이 될 수 없었습니다. 그래서 몇 개 프로젝트는 상대방에게 눈 뜨고 도둑질(?)을 당한 적도 있습니다. 너무 억울하고 화가 났습니다. 하지만 제 선택을 후회하지 않습니다. 그때의 상처는 시간이 지나면서 아물었지만 남은 고난의 흉터는 성공에 대한 제 관점을 바꿔놓았고 앞으로 어떻게 살아야 하는지도 잊지 않게 해줍니다.

남원북철 南轅北轍
수레의 끌채는 남쪽으로 가고 바퀴는 북쪽으로 굴러간다

전국시대 위(魏)나라가 조(趙)나라를 공격하려 했습니다. 마침 외지로 나가 있던 계량(季梁)이라는 대신이 이 소식을 듣고 깜짝 놀라 위나라로 돌아와 임금을 알현합니다. 정녕 조나라를 공격할 것인지를 묻고는 약소국인 위나라가 대국인 조나라를 공격하면 어찌 될지를 에둘러 얘기하면서 북쪽으로 가는 마차를 탄 사람의 이야기를 합니다.

> "'어디를 가시는 길이오?'라 물으니
> 남쪽의 초나라로 간다고 했습니다.
> '북으로 가는데 어찌 초나라를 가겠소?'라 되물으니
> '그게 뭐가 대숩니까? 노자도 넉넉하고 마부도 훌륭하니
> 언젠간 초나라로 가겠지요.'라고 답했습니다."
> "왕이시여 이 자가 초나라를 가겠습니까?"
>
> 전한(前漢) 때 유향(劉向), 《전국책(戰國策)》〈위책(魏策)〉

시장 지배력을 위해 계속 커지는 것이 정답일까?

다행히 계량의 간언을 수용하고 왕은 조나라 원정을 포기합니다. 위나라 왕은 약해지는 국력을 되돌리고자 조나라를 공격하겠다는 마음을 먹었겠지만, 이는 잘못된 계획입니다. 계량은 조나라를 침공하는 대신

나라의 안살림부터 안정시키고 국력을 기르는 것이 나라를 유지하는 옳은 계획이라 말한 것입니다. 경쟁우위는 오래 지속되지 못한다는 사실은 많은 영역에서 확인됩니다. 생산부서는 품질을 언급하며 스펙을 높이자지만 영업은 시장 지배력을 가지기 위해 가격을 내려서라도 경쟁자를 제압하려 합니다. 품질은 좋아지고 가격이 싸지면 그야말로 금상첨화지만 그런 일은 거의 일어나지 않습니다.

저는 영업통이지만 가격 인하로 경쟁사를 이기는 치킨게임 방식에는 반대했습니다. 회사는 시장 지배력이 아니라 지속가능성을 최우선으로 해야 하기 때문입니다. 그러므로 본업경쟁력이 강해지지 않고선 가격 인하를 통한 잠깐의 지배력은 미봉책일 뿐이고 지속가능성이라는 목표를 달성할 수 없습니다. 수레가 어디로 가야 할지를 잊어 말이 이끄는 대로 간 셈입니다. 진화의 관점에서 보면 가장 지배적인 종의 몸집이 더 큰 경향이 있지만, 가장 오래 견디는 종은 크기가 더 작은 경향이 있습니다. 진화는 개체의 크기를 커지도록 부추겨 놓고선 이젠 크다는 이유로 가혹한 형벌을 내립니다. 최강의 포식자 티라노사우르스도 환경이 바뀌자 큰 몸집이 결정적인 단점이 되어 사라졌습니다. 바퀴벌레는 같은 시대를 지나 지금도 살아있는데 여러분은 어떻게 해석하세요?

위방불입 危邦不入
위태로운 나라에는 들어가지 않는다

《논어(論語)》〈태백(泰伯)〉편은 사양(辭讓)의 덕을 주제로 합니다. 태백은 상(商)나라를 멸망시키고 주(周)나라를 세운 무왕(武王)의 큰 할아버지입니다. 마치 세종에게 임금을 양보한 양녕대군과 효령대군처럼 태백 역시 둘째인 중력과 함께 막내인 계력(季歷)과 그의 아들(문왕)에게 왕위를 세 번이나 양보하고 자취를 감춘 인물입니다. 사양이라는 지고지순한 덕에 가장 어울리는 예로 공자는 본 것입니다. 그러면서 다음과 같이 말합니다.

"위태로운 나라[危邦, 위방]는 들어가지 않고
어지러운 나라[亂邦, 난방]에는 살지 않으며
천하에 도리가 있으면 나타나고 도리가 없으면 숨어야 한다."

《논어(論語)》,〈태백(泰伯_태백의 예로 사양의 덕을 말하다)〉편

도리道理가 있으면 나타나고, 없으면 피해야 한다

위태로운 것과 어지러운 것을 어떻게 구분해야 할지 난감했습니다. 그러다 "위태로운 나라는 장차 망하려는 나라이고 어지러운 나라는 다스려지지 못하는 나라"라는 정약용丁若鏞의 풀이를 읽고서야 어렴풋이

구별할 수 있었습니다. 위태롭다는 것은 근간이 무너졌다는 얘기입니다. 회사도 마찬가지입니다. 지켜져야 할 것이 지켜지지 않으면 부정이 만연해지니 어찌 망하지 않겠습니까? 어지럽다는 것은 위태롭다는 것보다 정도가 약합니다. 하지만 이 역시 놔두면 위태로워질 수밖에 없습니다. 그래서 공자는 의당 군자라면 그 속에서 위험을 없애려 목숨을 걸어야 하지만 아직 속하지 않았다면 피하는 것이 순리라고 가르친다 생각합니다.

영업의 관점에서도 마찬가지입니다. 조합 영업을 주로 하면서 부정이 만연한 조합은 반드시 물의를 빚게 되고 결국은 사업도 망가지고 회사도 손해를 보는 일이 많았습니다. 소위 위방危邦이었던 셈입니다. 난방도 꺼려지기는 마찬가지입니다. 저에게 난방亂邦같은 조합은 소수에 의해 좌우되거나 역으로 너무 많은 외부 입김이 작용하는 곳입니다. 이곳 역시 독선으로 흐르거나 갈팡질팡하며 사업이 표류하게 되니 사업이 성공적으로 마무리되기 어렵습니다.

차청어롱 借聽於聾
귀머거리에게 다른 이가 네게 뭐라고 하더냐고 묻는다

당송팔대가 중 한 명인 한유(韓愈)는 진상(陳商)이라는 문객으로부터 편지와 시를 받습니다. 내용을 보니 세상이 자신을 몰라주니 과거에 급제하지 못해 답답함을 표현한 것이었습니다. 하지만 한유는 자신은 그 질문에 대답할 사람이 아니라며 이렇게 답했습니다.

"이는 이른바 귀머거리에게 다른 이가 네게 뭐라고 하더냐고 묻는 것이고 장님에게 길을 알려달라고 하는 격이다. 비록 청이 간절하고 부지런히 가르침을 청하지만 결코 원하는 답을 얻지는 못할 걸세."

한유(韓愈), 〈답진생서(答陳生書_진상의 편지에 답하다)〉

삶은 질문으로 넘쳐납니다만 우문현답은 없습니다

마산馬山이라는 곳에 은거하던 진상陳商이라는 인물은 학식이 풍부해 제법 세상에 알려진 인물이었습니다. 임금도 소문을 듣고 그에게 과거를 보게했다고 합니다. 하지만 그가 쓰는 문장이 무척 난해하여 벼슬길에 오르지 못하자 답답한 마음에 한유에게 조언을 구한 것입니다. 하지만 한유는 자신은 당신이 찾는 사람이 아니라고 말합니다. 요즘으로 치면 '수능 족집게'처럼 급제 비결을 알려줄 수는 없다고 말하려 했을 것입니다. 실제로 한유는 진상의 어려운 글쓰기를 세상 사람들의 눈높이에 맞추라며 조심스럽게 조언했습니다. 하지만 어떤 글쓰기가 눈높이에 맞는 것인가는 말하지 않았습니다.

  삶은 질문으로 넘쳐납니다. 저도 무슨 일이 생길 때면 급한 마음에 책부터 찾습니다. 서점에서 베스트셀러나 추천 코너에서 이 책 저 책 뒤적여보지만 뭘 고를지도 모르겠고 고민 끝에 고른 책도 말 그대로 꽝!입니다. 남들은 쉽게 찾는데 왜 나는 못 찾지 하고 자책도 했습니다. 하지만 현실에는 무림비급武林祕笈도 족집게 도사도 없음을 이제는 압니다. 모든 걸 다 해결해 줄 거라 믿고 애타게 찾았던 전문가는 신기루였습니다. 한 분야에서 30년쯤 머물다 보니 저 역시 전문가 소리를 듣고 있고 누구 못지않게 다양한 경험을 했다 자부하지만 모든 걸 경험하지는 않았습니다. 따라서 제 경험 혹은 사유 밖의 일은 조언할 수 없습니다. 문상에 대한 기록을 더 찾지 못했으니 한유의 조언은 도움이 못 된 듯합니다. 만약 문상이 어디를 고쳐야겠느냐며 구체적으로 One-point 레슨을 청했다면 결과는 달라지지 않았을까요?

문이불심 불약무문
聞而不審 不若無聞
듣고도 자세히 살펴보지 않으면, 안 들은 것만 못하다

《여씨춘추(呂氏春秋)》〈신행론(愼行論)-찰전(察傳)〉은 전해 들은 말을 자세히 살펴봐야 함을 강조하면서 "모름지기 말을 들을 때는 잘 살피지 않으면 안 된다. 여러 번 전달되면서 흰색이 검은색이 되고 검은색이 흰색이 되어버리기 때문이다. 개가 원숭이가 되고 원숭이가 침팬지가 되고 침팬지가 사람처럼 되어버리는데 사람과 개는 달라도 한참 다른 것이다. 이것이 어리석은 사람이 크게 실수하는 이유다."

"무엇인가 듣고 자세히 살펴보면 좋은 점이 있고
듣고도 자세히 살펴보지 않으면 안 들은 것만 못하다."
여불위(呂不韋),《여씨춘추(呂氏春秋)》〈신행론(愼行論_의롭지 않은 행위 결말〉

Filter Bouble을 아십니까?

필터버블Filter Bouble을 아십니까? 인터넷 사용자의 개인정보를 분석해 사용자가 어떤 정보를 보고 싶어 하는지를 예측하고, 사용자가 보고 싶어 하는 콘텐츠만 필터링해 추천함으로써, 사용자가 자신의 관점에 동의하지 않는 정보로부터 자신을 분리시키고 결국에는 자신을 자신만의 문제에 가두게 되는 현상입니다. 《생각 조종자들》의 저자 일라이 페리저Eli Pariser는 필터버블의 위험성을 다음과 같이 설명합니다. "정보를 필터링하는 알고리즘에 정치적 혹은 상업적 논리가 개입되면 인터넷 사용자가 필터링을 거친 정보만을 접하게 되기 때문에 나도 모르는 사이에 정보 편식을 하게 되고 그로 인해 자신의 의지와 상관없이 자신의 가치관에 왜곡이 일어날 수 있다."

섬뜩했습니다. 의지와 상관없이 누군가에 의해 생각이 조종될 수 있다는 사실에. 그리고 지난겨울 우리는 극우 유튜버들이 어떻게 폭도로 돌변하는지를 목격하면서 더 이상 방치돼서는 안 되는 문제임을 절감합니다. 알고 싶지 않은 불편한 진실을 외면한다고 해서 세상이 바뀌는 건 아닙니다. 대학시절 교수님께 들었던 얘기가 생각납니다. 시위가 많던 시절이라 신문마다 시위군중 숫자를 달리 보도했습니다. 조선일보는 경찰 추산을, 한겨레신문은 집회 주최 측 주장을 보도했습니다. 그런데 신기하게도 둘의 숫자를 산술평균 내면 정확한 시위군중을 알 수 있다고 했습니다. 어림셈은 대부분 정확했습니다. 그 뒤로 저는 두 진영의 신문을 같이 보는 버릇이 생겼습니다. 불편함에도 불구하고.

심근고저 深根固柢
곁뿌리는 깊게 하고 중심 뿌리는 굳건하게 하다

나무의 뿌리에는 만근(蔓根)과 직근(直根)이 있습니다. 만근은 사방으로 퍼져가는 곁뿌리이고 직은 줄기 아래로 곧장 뻗는 중심 뿌리입니다. 직근을 《노자(老子)》에서는 '저(柢)'라 하여 나무의 생명을 수립하는 기초이고 만근은 '근(根)'이라 하여 사방으로 뻗어 생명을 유지하는 요소라 했습니다. 사람도 중심 뿌리처럼 도를 실천해 굳건하면 오래 살 수 있고 곁뿌리들이 깊고 탄탄하게 자라듯 이치에 따라 실천하면 오래 누릴 수 있습니다. 그래서 노자가 말합니다.

> "곁뿌리는 깊게 하고 중심 뿌리는 굳건하게 하는 것이
> 생명을 연장하고 오래도록 영유하는 방법이다."
>
> 《한비자(韓非子)》, 〈해로(解老_《노자》를 해석하다)〉 편

나무는 저절로 자라는 것이라는 착각

사물의 뿌리나 밑바탕이 되는 기초를 의미하는 '근저根底'는 여기에서 나온 말입니다. 어떤 분야든 뿌리를 내린다는 것은 어려운 일입니다. 그리고 옮긴 곳에서 뿌리내리기는 더 어렵습니다. 새로 지은 아파트에서 이식移植한 소나무들이 고사하는 것을 자주 봤습니다. 조경 직원들에게 왜 이러냐고 물었더니 야산에서 바로 옮겨 심는 것이 아니고 다른 곳

에 옮겨 심었던 것을 다시 이식하는 것이라며 바로 옮겨 심으면 더 많이 죽는다고 했습니다. 그리고 옮길 때마다 절반씩 고사한다고도 했습니다. 즉 이식한 소나무가 살 확률은 25%였습니다. 십여 년 전 얘기니 지금은 달라졌겠지만 옮겨 심은 나무가 모두 살아있을 거라는 생각은 안 합니다.

하물며 나무가 이 정도인데 사람은 오죽하겠습니까? 신입이든 경력이든 새 식구들이 오면 사무실에 활기가 넘칩니다. 처음에는 관심 가지고 말도 건네지만, 차츰 각자의 업무에 몰두하면서 시들해집니다. 이때부터 떠나는 이들이 한 둘씩 생깁니다. 그들이 자라온 환경과 지금이 얼마나 다른지를 살펴보고 배려해야 했지만 오롯이 자신의 생명력만으로 커왔다고 믿은 제 착각이 그들을 방치(?)한 결과였습니다. 그래서 떠나는 이들이 작별을 고할 때마다 "힘들고 외로울 때 말동무가 못 돼줘서 미안하다." 말하곤 합니다.

대충지적 大忠之敵
큰 충성을 해치다

초(楚)나라와 진(晉)나라가 전쟁 중에 초나라 임금의 눈이 부상하는 등 전황이 불리해지고 있었습니다. 당시 초나라에는 사마자반(司馬子反)이라는 장수가 있었는데 목이 말라 물을 찾으니 시종인 곡양(穀陽)이 술을 가져옵니다. 원래 술을 좋아해 한 번 마시면 취하기 전에는 입에서 떼지 않는 성격인지라 자반 장군은 술을 거절합니다. 그러자 곡양이 술이 아니라고 속이자 못 이기는 척 마시기 시작해서는 취하도록 마십니다. 전세를 뒤집고자 임금이 장수들을 찾습니다. 그러나 술에서 깨지 못한 자반은 몸이 아프다는 핑계로 나가지 않습니다. 그러자 임금이 친히 막사에 들리니 술 냄새가 진동하는 것을 보고는 분노하며 군대의 회군을 명하면서 자반을 참수합니다. 이를 두고 한비자는 시종이 곡양을 죽이기 위해 술을 진상한 것이 아니라 충성심으로 한 일이 도리어 주인을 죽인 셈이라면서 이렇게 덧붙입니다.

"작은 일에 대한 충성이 도리어 큰 충성을 해칠 수 있다."
《한비자(韓非子)》〈십과(十過_열 가지 잘못)〉편

사람에게 충성하지 않는다는 말의 뜻은

"사람에게 충성하지 않는다."는 말을 기억하실 겁니다. 전직 대통령이 국정감사 과정에서 했던 말입니다. 공직자라면 당연히 나라와 국민에게 충성하는 것이지 누구를 모시는가에 따라 행동이 달라지면 안 된다는 뜻이었을 것입니다. 당연한 말이었지만 사람들은 열광했습니다. "진짜가 나타났구나."라고 여겼습니다. 하지만 실망하는 데는 그리 오랜 시간이 걸리지 않았습니다. 자신의 본분을 잊으니 문제가 생긴 것입니다.

회사생활도 마찬가지입니다. 회사가 추구하는 기본적인 가치가 판단의 근거가 되어야 합니다. "영업=수주"라는 등식에 저가수주 등 장기적으로 회사에 손해가 예상되지만 당장의 실적을 위해 수주하는 것이 과연 누구에게 도움이 되겠습니까? 특히 리더로서 결정하는 자리에서는 더욱 냉정하게 조직의 비전에 부합하는지를 먼저 그리고 가장 중요하게 따져야만 합니다. 그럴 자신이 없다면 보직은 맡아서는 안 된다고 생각합니다. 그 이유는 다음과 같습니다. 한비자는 〈식사(飾邪_사악한 행위를 경계하라)〉 편에서 다시 곡양의 예를 다루면서 이런 말을 덧붙입니다. "작은 충성을 하는 자에게는 법령을 다루도록 해서는 안 된다. 장차 반드시 죄인을 보고서도 죄를 사면할 것이고 이로써 서로가 친애하면 어찌 될 것인가? 그러므로 백성을 다스리는 데 방해되는 것이다." 지금 우리가 겪는 혼란의 원인이라 생각하니 씁쓸합니다.

해옹호구 海翁好鷗
바다에 사는 늙은이는 갈매기를 좋아한다

바닷가에 살면서 갈매기를 좋아하는 사람이 있었습니다. 그는 매일 아침 바다로 나가 갈매기들과 더불어 놀았는데 그 숫자가 수백 마리를 넘은 적도 있었습니다. 어느 날 그의 아버지가 말했습니다. "갈매기가 너를 따르니 내가 놀게 갈매기를 잡아 오너라." 아들은 아버지 청이 마뜩잖지만 거절할 수 없어 바다에 갔으나 갈매기들은 맴돌 뿐 곁에 오지 않았습니다. 이를 두고 열자(列子)가 말했습니다.

> "지극한 말이란 말을 버리는 것이고
> 지극한 행위란 일부러 함이 없는 것이다.
> 모든 지혜롭다고 하는 자들이 안다는 것은 천박한 것이다."
>
> 전국시대 열자(列子), 《열자(列子)》〈황제(黃帝_관윤(關尹)과 나눈 대화)〉 편

A doubtful friends is worse than a certain enemy

갈매기가 어떻게 알았을까 여러분은 궁금하지 않습니까? 물어볼 수도 없으니 제게 빗대어 생각해봤습니다. 척 보니 알았을 리는 없고 평소와 다른 뭔가 부자연스러움을 느낀 것이 아닐까 여겼습니다. 신입 시절 모셨던 임원분이 떠올랐습니다. 그분은 결재하기 전에 직원들의 눈을

보면서 결재할지 말지를 결정하셨습니다. 뭔가 부자연스러우면 서류를 놓고 가라고 한 뒤 한참 뒤 반려했고 당당해 보이면 잘하라는 말과 함께 내용을 보지도 않고 곧바로 결재하셨던 분입니다. 나중에 회식 자리에서 어떻게 그러시냐고 물어볼 기회가 있었습니다. 그때 상무님의 대답은 "내가 걔들보다 내용을 더 잘 알겠나? 평소처럼 자신 있어 보이니 결재한 거고 뭔가 숨기려는 듯 보이는 결재는 찬찬히 살펴보면 꼭 지적사항이 나오더라." 그 뒤 자신감이 들기 전에는 그분께 결재를 올리지 않았습니다. 사람이 사람을 보는 눈은 대체로 일치합니다. 부자연스럽다는 느낌이 들 때면 뭔가 숨기는 의도를 직감하는 것은 그 상무님처럼 지인지감이 뛰어난 사람만의 전유물이 아닙니다. 이때 우리에게 필요한 영업 기술은 정공법입니다. 의도를 숨기는 것이 아니라 드러내는 것이 제가 지금까지 선택한 방법입니다.

양호유환 養虎遺患
호랑이를 길러서 화를 남기다

항우와 유방이 천하의 주인 자리를 놓고 싸움을 계속하다 점차 형세가 유방 쪽으로 기웁니다. 항우의 병사들은 식량도 사기도 떨어져 싸울 여력이 남지 않았습니다. 이때 유빙이 항우에게 자신의 아버지와 부인을 돌려주면 천하를 반으로 나눠서 다스리자는 제안을 합니다. 항우는 제안을 받아들여 유방의 아버지와 부인을 돌려보내고 자신도 동쪽으로 철수했습니다. 그러나 유방의 책사였던 장량(張良)과 진평(陳平)이 지금이 항우를 멸망시킬 절호의 기회이니 철수하는 항우의 군대를 공격하자고 합니다. 하지만 유방은 화친을 맺어놓고 바로 공격하는 것에 머뭇거리자 두 사람이 입을 모아 유방을 설득합니다.

> "이것은 하늘이 준 기회입니다. 만일 이 기회를 놓친다면
> 호랑이를 길러 화를 남기는 것과 다를 바 없습니다."
>
> 《사기(史記)》〈항우본기(項羽本紀_항우의 일대기)〉

내 몸 안에도 숨어있는 호랑이가 있다

유방은 이들의 말을 듣고 항우의 군대를 추격했고 해하垓下에서 사면초가四面楚歌에 몰린 항우가 자결함으로써 천하를 통일할 수 있었습니다. 요즘에는 "호랑이 새끼를 키웠네."라는 말도 같은 의미로 후배들이나 혹

은 약자라고 여겼던 인물에게 호되게 당한 경우에도 씁니다. 왜 이런 상황이 일어날까요? 첫 번째 가정은 자신이 모든 상황을 통제할 수 있다고 과신했기 때문이 아닐까 합니다. 자신이 가진 힘이나 권력이면 언제든지 자신을 위협할 요소를 제거할 수 있다고 믿는 순간 주변에 대한 경계는 느슨해져 궁지에 몰리고 나서야 뒤늦은 후회를 합니다. 두 번째는 호랑이라는 사실을 몰랐을 경우입니다. 비범한 리더들은 자신들의 참모 역시 뛰어나기를 바랍니다. 하지만 능력만을 보다가 품성을 놓치는 경우가 종종 있습니다. 훗날 숨기고 있던 이빨이나 발톱이 드러나면 때는 이미 늦었고 손 쓸 도리조차 없습니다. 그래서 사람을 가려 사귀어야겠다고 믿었습니다.

최근에는 이 생각이 바뀌었습니다. 호랑이가 제 안에도 있을 수 있음을 인정했기 때문입니다. 누구나 갖고자 하는 돈과 권력 같은 큰 욕망이 사람을 삼키는 것을 자주 보면서 제게는 결코 안 생긴다고 장담할 수 없었습니다. 우리 주변의 호랑이는 다양한 모습으로 유혹하고 위협합니다. 뒤늦게 후회하고 싶지 않다면 경계를 늦추지 않아야 할 이유입니다.

피지상심披枝傷心
가지가 부러지면 근본을 해치게 된다

범수(范雎)는 위(魏)나라 사람으로 대신들에게 모함을 받아 죽임을 당할 위험에 처하자 진(秦)나라로 도망갑니다. 진나라 소왕(昭王)에게 "원교근공(遠交近攻)"의 계책을 유세하여 재상에 오른 인물입니다. 그가 재상에 오르기 전에 상국(相國) 양후(穰侯)의 권력이 너무 커지는 것을 보고 임금에게 그를 멀리할 것을 간언하며 《시경(詩經)》의 문장을 빌립니다.

"나무에 열매가 많으면 그 가지가 부러지고
그 가지가 부러지면 그 근본을 해치게 된다.
도성이 너무 크면 그 나라가 위태로워지고
그 신하가 존귀해지면 그 군주는 낮아지게 된다."

《사기(史記)》〈범수채택열전(范雎蔡澤列傳)〉

열두 재주를 가진 사람이 끼니 걱정한다

몇 해 전 사무환경 점검 때문에 서랍을 정리하다 간직했던 낡은 수첩을 버리려는데 그때는 무슨 일을 했나 추억하고 싶어 무심코 뒤적였습니다. "젊음은 각기 다른 미래가 담긴 상자가 가득 쌓여있는 창고 같다."

는 메모를 찾았는데 "그때 나는 어떤 상자를 골랐을까?" "만약 다른 것을 골랐다면 지금은 어떤 모습이었을까?" 꼬리에 꼬리를 무는 상상으로 한동안 멍해졌습니다. 재주가 많다는 소리를 듣고 자란 저였으니 아마 다른 선택도 결과가 나쁘지는 않았을 거라는 '근거 없는 자신감'이 들다가도 굴곡진 삶인지라 지금의 모습을 천만다행으로 여기며 옳은 선택이었는지는 모르지만 후회하지는 말자는 생각으로 끝냈습니다.

재주가 많다고 우쭐대는 저 같은 후배가 몇 있었습니다. 일도 잘하고 잘 놀고 골프도 잘 친다는 그래서 어느 것 하나 놓치고 싶지 않다는 그들을 안타까운 마음에 지켜봤지만 모든 걸 다해내는 친구는 보지 못했습니다. 그래서 직원 평가에 다재다능多才多能하다는 표현을 주저합니다. 재주가 많다는 칭찬이 도리어 선택과 집중을 방해할까 걱정스럽기 때문입니다. 옛말에 "열두 가지 재주를 가진 사람이 끼니를 걱정한다."고 했습니다. 이솝우화의 욕심 많은 개처럼 강물에 비친 뼈다귀까지 가지려다 물고 있던 뼈다귀마저 잃는 우愚를 범하는 건 선택했으면 집중해야 하고 다른 선택지는 포기해야 함을 잊은 결과입니다. 그래서 조언합니다. "옳은 선택을 하느라 허비하는 시간에 네 선택이 올바른 것이 되도록 노력하는 것이 현명한 방법이 아닐까?"라고.

분명 쓸모 있던 것도 때가 지나면 버려야

가끔 옷장을 열 때마다 답답함을 느낍니다. 옷은 많은 데 막상 입을 만한 옷이 안 보이기 때문입니다. 버리지 못하는 성격 탓에 집에는 잡동

사니가 가득하고 제 자리에도 서류와 책 그리고 신문이 산더미처럼 쌓여있을 때가 많습니다. 시골에서 자랄 때 끼니를 걱정할 정도로 가난하게 자라지는 않았지만, 워낙 검소하신 부모님 덕에 뭐하나 버리면 큰일 나는 줄 알았습니다. 밥 한 톨 남기면 안 되고 남길 것 같으면 밥이든 반찬이든 미리 덜어 먹어야 한다고 배웠습니다. 옷은 명절 때때옷을 살 때를 제외하고는 늘 형들 옷을 물려 입었습니다. 창피하지는 않았습니다. 친구들 대부분 저처럼 입고 다녔으니까요. 교사셨던 아버지와 밭일까지 해내시는 억척스러운 어머니 덕에 크게 배고픔을 못 느끼며 학창 시절을 보냈습니다. 제가 대학을 입학하게 되자 집에 대학생이 네 명이 될 상황이었습니다. 휴학과 복학을 반복하시던 늦깎이 대학생 큰 형과 본과 4학년이 되는 누나, 그리고 작은 형까지 이미 대학생이 셋이나 있었기에 저까지 등록금을 부담할 능력이 안 돼서 작은 형이 입대하고 큰 형도 장학금을 받으면서 가까스로 위기를 넘겼습니다. 아이 둘이 대학생인 터라 그 당시 부모님은 도대체 어떻게 학자금을 다 마련하셨는지 지금도 존경스럽습니다만 여하튼 그해 저는 대학에 낙방하고 서울에서 재수 생활을 시작했습니다. 집을 떠나 객지에서 생활하는 제게 넉넉한 생활비는 사치였습니다. 돈은 없으니 고단한 날이면 같은 학원에 다니던 친구와 길거리 포장마차에서 100원짜리 잔술에 50원짜리 가치담배를 안주 삼아 마시며 견뎠습니다. 천 원이면 소주 8잔과 가치담배 4개를 살 수 있었고 담배를 안주 삼아 소주를 마시는 저희가 딱해 보였는지 사장님이 건네주는 오뎅 국물은 또 얼마나 고맙던지 연신 고개를 조아리곤 했습니다. 대학에 가서도 형편이 나아지지는 않았습니다. 다만 누나가 취직해서 가끔 가욋돈으로 쥐여주는 몇만 원은 단비와도 같았습니다.

그렇게 20대를 보내고 서른을 코앞에 두고 취직을 선택했습니다. 직장생활은 신세계였습니다. 건설회사 특성상 회식이 잦습니다(전 직장이 제조업이어서 한 달에 한 번 정도 회식이 고작이었다면 최소 일주일에 한 번 이상 회식을 함). 비온다고 눈 온다고 춥다고 덥다고 현장을 운영하지 못할 이유만 생기면 회식이었습니다. 삼겹살은 먹은 적이 손에 꼽을 정도로 소고기와 회 등 고급안주가 대부분이었습니다. "술 잘 먹는 놈이 일도 잘한다."며 술 권하는 선배들과 하루가 멀다시피 삼사 차까지 마셨습니다. 배고픔에 대한 보상심리였을까 공짜 술이라면 어디든 따라갔습니다. 입이 호강한 대가는 혹독했습니다. 입사하고 2년이 지나자 정확히 25kg이 쪘습니다. 한 달에 1kg씩 몸무게가 늘었으니 대학교 때 입었던 옷은 하나도 못 입게 됐습니다(살이 빠지면 다시 입겠다며 쌓아두었던 옷을 과감하게 버린 건 한참 뒤 결혼을 할 무렵임).

술과 몸무게를 바꾸면서 영업이 체질이라는 소리를 듣기 시작했습니다. 그러면서 나쁜 습관들이 생기기 시작했습니다. 당시만 해도 차·부장급 이상에만 지급되던 법인카드가 대리인 제게도 지급됐습니다. 한도 내에서 맘껏(?) 써도 되지 않을까 하는 생각에 실제로 얼마 동안은 그렇게 쓰고 다녔습니다. 얼마 지나지 않아 우리 부서가 감사를 받게 됐습니다. 카드 내역을 일일이 확인하고 소명을 요구했습니다. 다행스럽게 메모 덕에 저는 별다른 지적을 받지 않았지만 오남용 사례가 적발된 동료

몇이 징계를 받았습니다. 그때 법인카드가 금단의 열매라는 사실을 깨달았습니다. 또다른 문제는 근태였습니다. 아무리 천하장사라 해도 술에는 이기지 못하는데 평범한 제가 주구장창 술을 마셔댔으니 지각이 잦아졌습니다. 한두 번 주의를 받았는데도 고쳐지지 않자 당시 부서장은 극약처방을 쓰셨습니다. 당시는 출퇴근 기록이 전산으로 처리되던 시절이 아니라 제 출근 시간을 매일 수첩에 기록해뒀다가 급여를 차감하도록 조치하셨습니다. (회사 규정상 세 번 지각은 한 번 무단결근, 세 번 무단결근은 해고사유) 급여가 차감된 사실을 뒤늦게 알고서 따졌더니 수첩을 보여주면서 회사 규정상 급여가 차감되는 것이 당연하다며 설명하셨습니다. 1분에서 10분 이내 지각이 대부분이라 억울했지만 받아들일 수밖에 없었습니다. 그 이후에도 지각하지 않은 것은 아니지만 그때처럼 술로 인한 지각은 거의 안 하게 됐습니다. 또 다른 습관은 회사 물건을 개인 용도로 사용하는 습관이었습니다. 경영분석팀에 근무할 때였습니다. 각 부서의 영업비용을 점검하는 일을 맡고 있었는데 출장비와 교통비가 이중으로 청구된 사례를 적발했습니다. 해당 팀장께 사실을 알려드리고 시정을 요구했습니다. 잦은 지방 출장에 대한 보상 성격으로 관행처럼 해왔던 일이라며 앞으로는 절대 그런 일 없을 테니 감사실 제보는 말아 달라고 했습니다. 상습적인 것 같지는 않아서 팀장의 재발 방지 약속을 믿고 당사자에게 주의 주려고 찾아갔습니다. 자리를 비운 그를 탕비실에서 마주쳤습니다. 과자를 봉투에 담고 있길래 뭐 하시는 거냐 물었더니 집에 가서 먹으려고 챙기는 것이란 대답에 기가 막혔습니다. 일할 때 간식으로 먹는 것은 집에 가져가면 안 되는 것이 아니냐고 하자 적반하장으로 제가 상관할 일이 아니라는 답을 들었습니다. 바늘 도둑이 소도둑이 된다는 건 이런 경우를 두고 하는 말이구나 싶었습니다. 아무리 보잘것없는 과자지만 함께 쓰는 것을 내 것과 구분하지 못하니 비용을 이중으로 청구해도 아무런 죄의식이 없겠구나 싶었습니다. 그러다 문득 생각 없이 사무실 문구류를 집에 챙겨 온 적이 있는 저 역시 저 사람과 크게 다를 바 없구나 싶어 입맛이 썼습니다.

앞서 말한 세 가지 실수는 저만의 경험은 아닐 겁니다. 물이 고이면 썩는 이유는 자정 능력을 잃어버렸기 때문입니다. 흐르면서 계속 산소가 공급되며 정화되는데 물이 고여 흐름이 끊기면 당연히 썩게 됩니다. 이때 책임을 누구에게 물어야 할까요? 물? 아니겠죠. 만약 개울이라면 물꼬를 막은 혹은 터주지 못한 이가 책임이 더 큽니다. 건강한 직장생활도 건전한 삶도 결국 도처에 깔린 물꼬를 막아버리는 유혹에 얼마나 잘 대처하느냐에 달려있다고 생각합니다. 특히 영업은 더욱 유혹에 취약한 분야입니다. 대부분 회사 밖 공간에서 일이 진행되고 분업화가 이뤄지면서 혼자 또는 소수의 인원만이 정보를 공유하니 왜곡도 쉽고, 회사를 속이려는 나쁜 마음을 먹고 일을 벌여도 발각되는 데 시간이 오래 걸린다는 점 때문에 잘못 선택하는 경우를 여러 번 지켜봤습니다. 장마철이 되면 하수구를 정비합니다. 퇴적물을 없애야 많은 비에도 역류하지 않습니다. 별일 없겠지 혹은 남들은 모르겠지 하는 마음에 유혹 거리를 치워두지 않으면 결국은 악취가 나고 썩습니다. 인생도 영업도 마찬가지입니다.

  하로동선夏爐冬扇. 여름 난로나 겨울 부채는 분명 쓸모가 있는 것도 때가 지나면 버리거나 너무 이르면 짐만 된다는 걸 모르는 이는 없습니다. '94년 꼬마민주당 시절 故노무현 대통령 등 몇몇 패기 넘치는 정치인들이 야인시절 역삼동에 낸 고깃집 이름도 '하로동선'이었습니다. "다시 쓸 날을 기다린다."는 작명 취지를 밝혔지만 2년 만에 문을 닫았으니 여름 난로의 처지가 되는 아이러니구나 하며 쓴웃음을 지은 적이 있습니다. 이 모든 것을 해결하는 방법은 버리는 습관입니다. 당연히 아껴야 하지만 쓸모를 다한 물건은 아쉽지만 버려야 합니다. 아니면 조금 일찍 필요한 사람에게 나눠주는 방법도 좋을 듯합니다. 얼마 전 자리를 정리하면서 또 한 번 후회했습니다. 진즉에 나눠줬으면 칭찬이라도 받았을 한때는 소중한 물건을 버리면서 미리 나눠주고 홀가분하게 살지 못했음을. 어릴 적에는 아까워서 그랬다는 핑계라도 있지만, 지금은 남들도 다 그러는데 하는 비겁한 변명만 남습니다.

파증불고 破甑不顧
깨진 시루는 돌아보는 것이 아니다

후한 말 곽태(郭泰)와 함께 삼공(三公)의 지위에 오른 맹민(孟敏)의 이야기입니다. 맹민이 태원(太原)이라는 곳에서 타향살이를 할 때였습니다. 어느 날 그는 시루를 등에 지고 가다 실수로 땅에 떨어뜨렸습니다. 그랬더니 그는 뒤도 돌아보지 않고 그냥 가버렸습니다. 우연히 길을 지나가다 이 광경을 본 대학자 곽태가 사람을 시켜 맹민을 데려오게 한 뒤 무슨 생각으로 그런 행동을 했는지 물었습니다. 그러자 맹민이 이렇게 답했습니다.

"시루가 이미 깨졌는데
돌아본다고 무슨 도움이 되겠습니까?"

《후한서(後漢書)》, 〈곽태(郭泰)전〉

아픈 기억에 발목 잡히지 말자

곽태는 맹민의 비범함을 알아보고 자신의 문하에서 학문에 힘쓰도록 권유했습니다. 10년이 지나자 맹민은 천하에 이름이 알려지고 지위는 삼공三公까지 올랐습니다. 스티브 잡스의 책에서 비슷한 구절을 읽은 적이 있습니다. "뒤를 돌아보는 일은 여기서 중단하자. 중요한 건 내일이다. 뒤를 돌아보면서 '젠장, 내가 해고당하지 않았으면 좋을 텐데' '내가 거기 있었다면 좋을 텐데' '내가 그 일을 했어야 했는데'라고 말한들 무슨 소용인가. 그런 건 아무래도 상관없다. 어제 일어난 일들을 걱정하느니 차라리 내일을 발명해 나가도록 하자."

 물론 과거에서 배워야 할 것이 있고, 실패를 되짚어 교훈을 찾기도 해야 합니다. 하지만 과거에 연연하는 정도가 지나치면 현실에서 도피하려는 사람의 비겁한 구실이 됩니다. 옳은 선택을 하려 고민할 시간에 자신의 선택이 옳았음을 증명하는 것이 더 현명한 처신이 아닐까요? 저도 치열하게 산다고 살았지만 늘 실수투성이였습니다. 하루도 더 지혜롭게 살았어야 했다는 후회 없이 지낸 날이 없었습니다. 하지만 허점투성이로 살아왔던 덕분에 오늘의 제가 있습니다. 한때 잘나갔던 과거를 떠올려 본들 무슨 소용이며, 오히려 현실의 초라함만 더 부추긴다면 현실은 물론 미래도 과거에 머물게 될 것이라 생각해 뒤돌아보지 않으려 했습니다. 잘못을 반복해도 상관없다는 것이 아니라 아픈 기억에 발목을 잡히지 않고 싶었습니다. 그런 마음가짐 덕분에 넘어져도 다시 일어서서 걸을 수 있었습니다.

5부

항산
恒産

평생 간직해야 하는 것은⁸

---

8 《맹자孟子》, 〈양혜왕梁惠王〉 편 '무항산 무항심無恒產 無恒心'에서 따옴

각답실지 脚踏實地
발이 땅에 붙어 다니다

《자치통감(資治通鑑)》을 지은 사마광은 송(宋)나라 사람입니다. 그가 왕안석(王安石)의 신법에 반대하다가 관직에서 물러난 때였습니다. 하루는 그의 집으로 오랜 벗 소백온(邵伯溫)이 찾아옵니다. 그와 이런저런 얘기를 나누던 중 사마광이 자신이 어떤 사람인 것 같냐며 질문을 던지자, 이렇게 평합니다.

"당신은 충실하여 발이 땅에 붙어 다니는 사람입니다."
(君實 脚踏實地人也 군실 각답실지인야)

북송 소백온(邵伯溫), 《소씨견문록(邵氏見聞錄)》

Practice does not make perfect.
Only perfect practice makes perfect

10여 년 전에 홍보팀장을 할 때였습니다. 모 신문사 주필과 사장님 인터뷰를 주선했는데 다음 날 기사 제목을 보고 깜짝 놀랐습니다. "우.문.현.답." "바보스러운 질문에 현명한 대답"이라니 어떻게 이런 제목을 붙일 수 있냐며 흥분한 상태에서 기사를 읽다가 "우리들의 문제는 현장에 답이 있다."라는 풀이를 보고 안심했던 기억이 납니다. 문제가 생기면 원인을 찾느라 동분서주합니다. 대부분 문제는 한두 가지 원인에서 비롯되기보다 다양한 원인이 실타래처럼 엮여서 생기므로 이때 사무실에 앉아있지 말고 현장에 가서 직접 확인하라는 사장님의 메시지를 멋스럽게 표현한 것이었습니다.

　사마광은 19년이라는 세월을 자치통감을 쓰는 데 할애했습니다. 널리 사료를 수집하고 정리하면서 의심나면 직접 찾아갔다고 합니다. 관직에서 물러났을 때도 한결같았습니다. 지금도 일 잘하는 사람이라 평가받는 사람들을 보면 대부분 비슷합니다. 나도 열심히 현장을 다니는데 왜 나는 성공하지 못하나 억울해하실 분도 있을 겁니다. 현장을 다닌다고는 하지만 모두 성공하는 것이 아닌 이유는 명확하고 뚜렷한 목표가 있었는가의 차이가 아닐까요? 완벽하게 준비한 발로 뛰는 노력은 우리를 배반하지 않습니다. 고객은 물론 협력업체, 경쟁사와도 직접 만나 소통하면 문제도 해결하고 상대방의 다양한 경험을 통해 새로운 지식도 얻으니 "꿩 먹고 알 먹고"인 셈입니다.

오상고절 傲霜孤節
서리를 두려워하지 않고 홀로 절개를 지키다

조선 숙종조의 문신 이정보는 말년에 벼슬에서 물러나 은거 생활을 하면서 시조 한 편을 지어 추운 겨울을 이겨내는 국화의 지조를 "서리를 두려워하지 않고 홀로 절개를 지킨다."는 의미의 오상고절(傲霜孤節)로 표현했습니다.

"국화야,
너는 어이 삼월동풍(三月東風) 다 지나고
낙목한천(落木寒天)에 네 홀로 피었나니
아마도 오상고절(傲霜孤節)은 너뿐인가 하노라."

송나라 시인 소동파 〈증유경문(贈劉景文_유경문에게 주다)〉

인담여국 人淡如菊,
사람의 담백함을 국화에 비유하는 이유

1997년, 국가 부도 상황인 IMF 사태가 발생했습니다. 제가 다니던 회사에서도 강도 높은 구조조정이 시작됐습니다. 미수채권을 확인하고 이를 회수하는 것이 제 일이었습니다. 밤샘 야근을 하면서 겨우 근근이 처리해내고 있었습니다. 고향에 계신 어머니와 통화 중에 무심결에 푸념을 늘어놓았던 모양입니다. 며칠 뒤 아버지에게서 편지가 왔습니다. 아마도 아버지께 받은 마지막 편지로 기억합니다. 47년 교직 생활의 마무리를 준비하면서 이런저런 소회를 밝히시다 "아무리 추운 겨울이라고 해도 봄이 온다는 사실을 잊지 않아야 한다."며 아버지의 편지는 끝을 맺었습니다. 전화로 하거나 소주 한 잔 마시면서 하실 얘기를 편지로 쓰신 이유를 그때는 몰랐습니다. 몇 달에 걸쳐 야근과 주말 근무를 견디니 책임감 강하다는 평을 받기 시작했습니다. 힘든 시기를 견뎌냈다는 뿌듯함이 웬만한 문제 앞에서도 흔들리지 않게 한 자양분이 된 것입니다. 한참 뒤 서울에 오신 아버지와 저녁을 하다 마침 그 일이 생각 나 왜 편지를 쓰셨냐 여쭤보니 "글은 말보다 느리지만 울림은 훨씬 크다."고 답하셨습니다. 그때 머릿속을 스쳐 가는 생각, 늦가을 서리에 피는 국화가 왜 그리 향이 진한지, 만년필로 꾹꾹 눌러 쓴 아버지의 편지는 왜 여전히 힘들 때면 읽고픈지 어렴풋이 알게 됐습니다.

금시작비 今是作非
지금은 맞고 어제는 틀렸다

도연명(陶淵明)은 집안이 가난해 생활고에 시달리다 숙부의 추천으로 작은 마을의 현령이 됩니다. 그러나 그의 나이 마흔하나에 벼슬을 버렸습니다. "쌀 다섯 말에 허리를 굽히기 싫다."는 게 이유였습니다. 그리고 고향에 돌아가면서 〈귀거래사(歸去來辭)〉를 썼습니다. 서문에는 고향으로 돌아가려는 그의 마음이 잘 담겨있습니다.

"자 돌아가자
고향이 점차 황폐해지니 어찌 돌아가지 않겠는가?
(중략)
이미 지난 것을 후회해야 소용없음을 깨달았고
앞으로 바른길을 쫓아야 함을 깨달았네.
지금까지 길을 잃었으나 아직은 오래지 않으니
지금은 옳고 어제가 그릇되었음을 깨달았네."

송나라 도연명(陶淵明), 〈귀거래사(歸去來辭)〉

"나잇값 좀 하세요."라는 핀잔은 듣지 않아야

《회남자淮南子》〈원도훈原道訓〉 편에는 "나이 오십에 지난 49년이 잘못되었음을 알았다."는 문장이 있습니다. 오십을 훌쩍 넘겨 이 문장을 읽다가 울컥했습니다. 나이 오십을 '지천명知天命'이라고도 하고 '지비知非'라고도 합니다. 하늘의 뜻도 알고 잘못도 아는 나이가 되었음에도 여전히 하늘의 뜻은 고사하고 뭘 잘못했는지 모르고 살았기 때문입니다.

지금까지 잘 살아왔음이 앞으로도 잘 살아갈 증거라 믿는 순간 실패가 싹틉니다. 교만해지고 남의 말에 귀 기울이지 않습니다. 하지만 반대로 지금까지 운 좋게 살아왔지만, 앞으로도 그런 행운이 계속되지는 않는다 생각하면 우리들의 행동이 조금은 달라지지 않을까요? 쉰 살 정도 되면 천명도 알고 잘못도 구분하고 살아야 하는 나이라고 읽으니 "나잇값 좀 하세요." 하는 핀잔을 듣지 않으려면 어떤 마음가짐으로 살아야 하는지 분명해집니다. 그래서 "금시작비"를 "그때는 틀렸고 지금은 맞다."라는 뜻이 아니라 "지금까지의 잘못을 바로잡고 오늘부터 바르게 살겠다."는 뜻이라 해석해봅니다.

부중지어 釜中之魚
솥단지 안의 물고기

후한(後漢) 외척의 횡포가 극에 달하던 때 장강(張綱)이라는 자가 상소를 하여 외척들의 탄핵을 요구했습니다. 그러나 상소는 받아들여지지 않았고 미움을 받은 장강은 도둑 소굴로 불리는 지역으로 좌천됩니다. 장강은 부임하자마자 곧장 도둑 소굴로 가 두목인 장영(張嬰)을 만납니다. 장영과 도둑들을 만난 자리에서 장강은 두려워하는 빛도 없이 태연하게 인간의 도리와 사물의 이치를 말하며 투항하여 개과천선할 것을 종용합니다. 결국 도둑들은 감화되어 머리를 조아립니다. 《한기(漢紀)》는 장강과 장영의 대화를 이렇게 기록했습니다.

> "너희는 이렇게 목숨이 붙어있지만
> 마치 솥단지 안의 물고기 신세처럼 오래 가지 못할 것이다."
> "그렇다면 저희의 살길을 열어주십시오."
>
> 《자치통감(資治通鑑)》〈한기(漢紀_한나라 역사)〉

먼저 마음을 열어야 쓴소리가 들립니다

현명한 사람은 우환이 닥치기 전에 알고, 평범한 사람은 우환이 닥쳐야 알고, 어리석은 사람은 우환이 닥쳐도 모른다고 했습니다. 충고는 잘하기도 어렵고 받아들이기도 어렵기는 매한가지입니다. 그런 면에서 미리 닥칠 우환을 충고한 장강은 현명한 사람이고 그의 충고를 받아들여 우환이 닥쳤음을 깨달은 도둑 장영도 평범한 사람 이상으로 평가될 만합니다.

　우리는 자신의 처지를 잘 안다고 생각합니다. 하지만 눈앞에 닥친 위험을 모른 채 경거망동하는 사람들이 의외로 많습니다. 자신의 처지를 잘 모른다는 얘기입니다. 누군가 좋게 말해주면 헤벌쭉하다가 날카로운 지적에는 사실임을 알면서도 서운함부터 듭니다. 듣고 싶은 것만 들으려는데 객관적인 인식이 가능하겠습니까? 그런데 귀만 연다고 들리는 것이 아닙니다. 그 전에 마음을 열어야 합니다. 자신의 잘못 혹은 약점을 가감 없이 드러낼 때 제대로 된 귀를 가질 수 있습니다. 약점을 드러냈다 상처를 받은 기억으로 꺼릴 수 있지만 찢긴 상처는 바늘로 꿰매야 아뭅니다. 수술이 무섭다고 상처를 놔둘 수는 없잖습니까. 그러니 나를 잘 알고 아껴주는 믿음직한 의사(?)를 찾아야 합니다. 누구든 상관없습니다. 당신의 고통을 알고 덜어주려는 사람이라면.

이고위감 以古爲鑑
옛일을 거울로 삼다

중국 역사상 가장 번영했던 시기로 당 태종 이세민(李世民)의 치세를 꼽는데 이를 "정관의 치[貞觀之治, 정관지치]"라고 부릅니다. 그런 이세민이 가장 아꼈던 신하가 위징(魏徵)이었는데 그가 죽자 태종이 직접 비문을 씁니다.

"구리로 거울을 만들면 의관을 단정하게 할 수 있고
옛일로 거울을 삼으면 흥망성쇠를 알 수 있고
사람으로 거울을 삼으면 잘잘못을 밝힐 수 있는데
내가 허물을 막을 수 있었던 까닭은
이 세 개의 거울 덕분이거늘
위징이 세상을 떠났으니 거울 하나를 잃어버린 것이다."

당나라 오긍이 편찬한 당 태종의 언행록 《정관정요(貞觀政要)》〈위징(魏徵)〉 전

당 태종도 위징도 여전히 이 세상에 함께 살고 있다

역사는 반복됩니다. 사람의 일생도 나라의 크고 작은 일도 자연의 신비스러운 일까지도 흥망성쇠라는 변화의 원칙이 적용되고 있습니다. 따라서 지금 어렵다면 과거를 돌아봐야 합니다. 위징의 간언은 그랬습니

다. 200번 이상 당 태종에게 간언하면서 그의 논거는 항상 옛일이었다고 합니다. 그러니 위징이 죽음으로 당 태종이 잃어버린 거울은 옛일의 거울과 사람의 거울 두 가지를 잃어버렸다 해도 과언이 아닐 것입니다.

옛일로 거울을 삼던, 사람으로 거울을 삼던 다양한 시각을 갖겠다는 마음을 내지 않으면 얻지 못합니다. 더구나 다양한 시각은 하루아침에 생기지 않을뿐더러 끊임없이 배우겠다는 다짐을 잠시라도 잊으면 존재 했다가도 신기루처럼 사라집니다. 꾸준하려면 이유가 필요합니다. 어디로 가려는지를 잊지 않고 미래를 그리는 통찰이 그 이유입니다. 통찰은 역사를 배우고 사람을 통해 얻기에, 변화를 뒤쫓느라 허덕거리지 않으며 변곡점을 예측하며 선택과 집중으로 자원을 재분배하며 세상의 변화를 이끌 수 있습니다. 시인 박노해는 〈죽은 자들이 산다〉에서 "이 세상은 산 자들만 사는 것이 아니다. 삶이란 죽은 자들, 더 정확히는 앞서간 이들과 함께 살아가는 것"이라 말합니다. 우리가 통찰의 힘을 깨닫고 있다면 위징도 당 태종도 여전히 이 세상에 당신 곁에서 함께 살고 있습니다.

파별천리 破鼈千里
절름발이 자라가 천 리를 간다

맹자(孟子)는 마음과 감정이 행동을 유발한다고 봤습니다. 하지만 순자(荀子)는 행동이 감정과 마음을 만들어낸다고 봤습니다. 그의 신념이 가장 잘 드러난 문장은 다음과 같습니다.

"평소에 반걸음이라도 멈추지 않는다면
절름발이 자라도 천 리를 가고
흙을 쌓기를 멈추지 않는다면
높은 언덕과 산이라도 끝내 이를 수 있으며
샘을 막고 물길을 달리 낸다면
장강과 황하도 마를 것이다.
앞으로 갔다 뒤로 갔다
왼쪽으로 갔다 오른쪽으로 갔다를 반복하면
천리마 여섯 마리가 수레를 끌더라도
원하는 곳에 이르지 못할 것이다."

《순자(荀子)》, 〈수신(修身)〉 편

이솝우화 〈토끼와 거북이〉를 어떻게 읽으셨나요?

순자荀子 하면 성악설性惡說부터 떠올립니다. 하지만 비관주의자는 아닙니다. 오히려 긍정적인 몸가짐을 반복하면 얼마든지 큰 변화를 이룰 수 있다고 설파합니다. 마치 "행복하니까 웃는 게 아니라 웃으니까 행복해지더라."라는 표현처럼. 순자의 이 문장은 이솝우화 속의 〈토끼와 거북이〉를 많이 닮았습니다. 언젠가 신입직원을 대상으로 하는 워크샵에서 누구였으면 좋겠냐는 질문을 던진 적이 있습니다. 여러분이 예상하듯이 아무도 거북이가 되겠다는 사람은 없었습니다. 덜 게으른 토끼가 되겠다는 사람은 몇 명 있었지만. 저 역시 거북이로 살겠다는 마음조차 한 번도 낸 적이 없습니다. 당연히 제 애들에게도 꾸준히 노력하는 토끼가 되라고 했지 거북이를 언급한 적은 없습니다. 왜 아무도 거북이로 살겠다는 생각을 하지 않는지를 다시 물어봤습니다. 거북이처럼 꾸준하게 노력하는 것은 능력이 부족한 사람에게나 어울리는 것이라는 반응이었습니다. 이쯤 되면 다시 생각해보자고 말합니다. 능력과 노력은 상반된 것이 아니라 서로를 보완한다는 것을. 어떤 것이 더 중요하다고 말할 수 없음을 강조합니다. 능력이 뛰어나지만 게으른 천재보다 산을 옮기겠다는 어리석은 노인[愚公, 우공]과 같은 사람들이 세상에 더 많이 공헌했다며 절름발이 자라도 천 리를 간다는데 하물며 우리가 못해낼 일이 무엇이 있겠느냐고 강의를 마쳤습니다. 신입직원들의 반응은 어땠을까요? 궁금하면 500원!

선능지미 鮮能知味
맛을 제대로 아는 사람은 드물다

공자가 제자들과 문답 중에 도가 현실에서 실행되지 않은 이유를 자신은 알고 있다고 말합니다. 지혜로운 자들은 도를 지나치고, 어리석은 자들은 도에 미치지 못하기 때문이라 말합니다. 더불어 도가 세상에 밝게 드러나지 않는 이유도 안다고 말합니다. 현명한 자들은 도에 지나치고 못난 자들은 도에 미치지 못한다면서 비유를 듭니다.

> "사람이라면 누구나 음식을 먹고 마시지만
> 그 맛을 제대로 아는 사람은 드물다."
>
> 공자의 손자 자사(子思), 《중용(中庸)》〈4장(四章_지나치고 모자람의 폐단)〉

이 희수무례하고 슴슴한 것은 무엇인가

"귀명창이 있어야 소리 명창도 있다."라는 말을 들어보셨나요? 진정한 소리꾼을 길러내는 건 듣는 이의 수준에 달려있다는 의미입니다. 최근에는 미슐랭 스타 쉐프가 웬만한 연예인보다 더 유명해졌습니다. 그들에게 별을 달아주는 건 오랜 기간 꼼꼼하게 심사하는 훈련된 평가원들입니다. 그렇기에 공신력을 생깁니다. 저 역시 다양한 음식을 맛보는 것을 좋아합니다만 맛을 평가할 수준은 못 됩니다. 그저 "평범한 재료로 비범한 맛을 내는" 음식이 훌륭한 음식이라는 나름의 기준이 있을 뿐. 그래서 fine dining 레스토랑보다는 노포老鋪를 선호합니다. 노포의 공통점은 담백함이었습니다. 담백함에 대한 나름의 정의를 내린 계기는 서북면옥이라는 냉면집에 걸린 《한서漢書》에 나오는 '大味必淡(대미필담)' 액자를 봤을 때입니다. "큰 맛은 반드시 담백하다?" 무슨 뜻일까를 고민하다 사진을 찍어 교수 선배께 제 해석이 맞냐고 여쭙자 '큰 맛'이 아니라 '궁극의 맛'으로 읽어보라는 대답을 들었습니다. "궁극의 맛은 담백함이다." 절로 고개가 끄덕여졌습니다. 과하지도 모자라지도 않을 때 얻을 수 있는 맛, 담백함이야말로 궁극의 맛이고 제가 좋아하는 사람도 마찬가지였음을 깨달았습니다. 시인 백석의 표현처럼 "이 희수무레하고 부드럽고 수수하고 슴슴한" 사람이 담백한 사람이며 오랫동안 벗 삼아도 물리지 않는 사람이기에.

집밥은 물리지 않는다

끼니를 걱정하던 아버지 세대

질보다 양이던 우리 세대

그리고 한 끼를 먹어도 제대로 먹자는 요즘 세대

서로 취향도 습관도 다른 줄만 알았는데

어느 날 딸이 평양냉면을 먹으러 가잡니다.

엥? 해장은 평양냉면이 짱이라면서.

과연 그 슴슴한 맛을 알까? 하면서도

속는 셈 치고 아내와 아들까지 데리고 냉면집으로 갑니다.

후루룩 쩝쩝.

육수부터 맛보는 게 제법입니다.

어머니의 외식 메뉴는 늘 냉면입니다.

그것도 꼭 함흥냉면으로

평양냉면은 밍밍해서 싫다면서

딸에게는 "평양냉면의 진미는 이런 거야."라고 설명하면서도

어머니 앞에서는 차마 입이 떨어지지 않습니다.

음식은 기억입니다.

아무리 먹어도 집밥이 물리지 않는 것은

그 한 끼를 위해 공들이셨을 어머니를 떠올리기 때문입니다.

어느 날부터 어머니의 음식이 짜졌습니다.

그래도 아들은 역시 집밥이 최고라며 맛있게 밥을 먹습니다.

세상의 맛있는 음식은 세상의 어머니 수와 같다[9]는 걸 알기에.

---

[9] 허영만, 《식객》 중에서

궁극의 맛

淡白

하얀 도화지가 모든 색을 받아들이듯 조화로운

하지만 맛보지 않은 이에게 설명하기 어려운 경지

大味必淡

우물 안 개구리는 광대한 바다를 모르듯

궁극은 도달하지 않은 자는 알 수 없는 경지.

맛에도 삶에도 알 수 없는 궁극의 세계가 있습니다.

白(흰 백)

大(큰 대)

味(맛 미)

必(반드시 필)

淡(담박할 담)

묵자견기도이곡 墨子見岐道以哭
묵자는 갈림길을 보고 울었다

"옥을 다루는 사람이 근심하는 것은 옥과 비슷한 돌이 있기 때문이고, 검(劍)을 판별하는 사람이 근심하는 것은 명검과 비슷한 것 때문이다. 현명한 군주가 염려하는 것은 견문도 넓고 언변도 능하여 통달한 것처럼 보이는 사람 때문이니 망국의 군주도 얼핏 지혜로운 자와 비슷하고 망국의 신하도 언뜻 충성스러운 자처럼 보인다. 무릇 사물의 형태가 비슷한 것이 우둔한 자들을 크게 혼란스럽게 하니 그래서 성인은 깊은 생각이 필요한 것이다."

"그러므로 묵자는 갈림길을 보고서 울었다."

여불위(呂不韋), 《여씨춘추(呂氏春秋)》〈신행론(慎行論_의롭지 않은 행위)〉

우리의 삶에 네비게이션이 있을까?

묵자는 왜 갈림길에서 울었을까? 궁금해서 책을 뒤적이다 다른 책에서는 갈림길에서 운 것은 제자백가 중 한 명인 양주楊朱이고, 묵자墨子는 흰 실이 물들어가는 것을 보면서 울었다 쓰였습니다. 이웃이 갈림길에서 양을 잃어버린 것을 보고 깨우친 바가 있어 양주가 울었고, 염색을 보면서 흰 실이 바탕을 잃었으니 되돌릴 수 없다는 생각에 묵자가 울었다고 했습니다. 양주든 묵자든 갈림길에서 흘린 눈물은 갈 곳을 잃은 보잘 것없는 인간으로서의 처지를 한탄하면서 흘린 눈물이 아니라 남을 도울 수 없었기에 운 안타까움의 눈물이구나 하는 생각이 일자 갈림길에서 우는 것은 나만이 아니구나 하며 위로받고 싶던 제 기대는 사라졌습니다. 저는 눈물이 많습니다. 아파서 울고 외로워서 울고, 그리고 갈림길을 만났을 때 두려워 울었습니다. 고민 끝에 올바른 선택이라 믿고 싶던 길은 또 갈림길로 나뉘면서 두 개가 네 개, 여덟 개로 계속 퍼져나갈 뿐이었습니다. 어떤 선택이 옳았는지 헷갈리자 정답같은 길을 찾는 것도 무의미해졌습니다. 인생은 사막처럼 지도나 네비게이션이 있을 수 없으니 베두인족처럼 별을 의지하며 건너야 하는 것이구나 생각했습니다. 어느 순간 또 길을 잃고 주저앉아 울겠지만 눈물을 닦고 길을 떠나자고 스스로 토닥여주자고 다짐했습니다. 두렵지만 용기를 냅니다. 같이 걷는 이가 있다면 반갑고 고맙겠지만 이제는 혼자여도 외로움을 견뎌야 한다는 생각에 휴일이면 아내가 그렇게 싫어하는 〈나는 자연인이다〉를 자꾸 보게 됩니다.

토고납신 吐故納新
묵은 것을 버리고 새로운 것을 받아들인다

장자(莊子)는 〈각의(刻意)〉 편에서 지식인을 다섯 유형으로 나눕니다. 산곡지사(山谷之士) 말 그대로 산골짜기에 숨었지만, 세상을 비판하는 것을 좋아하는 지식인과 남을 가르치고자 돌아다니며 말하기를 좋아하는 지식인인 평세지사(平世之士), 출세 지향적인 지식인인 조정지사(朝廷之士), 복잡한 세상을 떠나 유유자적 한가로이 지내는 지식인 강해지사(江海之士)입니다. 그리고 장수(長壽)가 목표인 건강전도사 지식인인 도인지사(導引之士)로 구분합니다. 도인지사에 대해 다음과 같이 부연해 설명합니다.

> "숨을 급히 혹은 천천히 쉬고, 숨을 토하거나 들이마시면서,
> 묵은 것을 버리고 새로운 것을 받아들이며
> 곰처럼 곧게 서거나 새처럼 목을 펴면서
> 장수하는 일에 몰두할 따름이다."
>
> 《장자(莊子)》〈각의(刻意_뜻을 새기다)〉 편

'작심삼일作心三日'의 신박한 해석: 삼 일마다 작심하라

토고납신吐故納新은 수명을 연장하는 도가道家의 호흡법이지만, 요즘에는 연말연시 새로운 다짐을 말할 때 자주 인용됩니다. 새해를 맞으면

사람들은 너도나도 신년계획을 세웁니다. 계획을 세우는 일을 새해에만 해야 하는 건 아닙니다. 경험상 다시 계획하는 건 업그레이드할 필요가 있을 때보다는 종전 계획을 마무리 못 했을 때가 더 많을 겁니다. 우리는 왜 이런 일을 반복할까요? 단순히 의지 부족만의 문제는 아닌 듯하고 너무 거창한 목표를 세웠거나 아니면 몸에 밴 습관을 무시한 채 세운 계획이라 그럴 수도 있습니다. 그러면 계획을 잘 지키는 사람에게는 다른 DNA라도 있나 궁금해서 의사 동창에게 물었더니 "항상 도전적이며 부지런한 성향의 사람이 계획을 잘 지킬 가능성이 크다."면서도 "노력하면 성향은 고칠 수 있다."는 말에 안도했습니다.

고교 2학년 때까지 제 성적은 중위권을 벗어나지 못하고 있었습니다. 시험 결과를 받을 때마다 지난번 약속도 작심삼일이었냐며 핀잔받으면 의지박약이라며 자신을 자책했습니다. 추석에 서울 법대생 친척 형을 만났습니다. 공부를 잘해서 형처럼 좋은 대학에 가고 싶은데 맨날 작심삼일이니 어떻게 하면 좋겠냐 물었더니 "그럼 삼일마다 다시 작심해라." 엥? 생각해본 적 없는 신박한 대답을 들었습니다. 반드시 3일마다 계획을 세우는 건 아니고 안 지키고 있다 싶으면 바로 다시 계획을 세우라는 것이었습니다. 자책은 아무런 도움이 못 되니 그 시간을 아껴 노력하면 좋은 결과를 얻게 된다던 격려는 지금도 생생합니다.

노기복력 老驥伏櫪
노쇠한 천리마가 마구간에 엎드리다

삼국지(三國志)에서 조조(曹操)가 라이벌 원소(袁紹)를 격파한 전투가 관도대전(官渡大戰)입니다. 개전 초기 유비와 헤어져 조조에게 몸을 의탁하던 관우(關羽)가 원소 휘하의 명장 안량(顏良)과 문추(文醜)를 벤 것으로 유명한 전투이기도 합니다. 조조가 원정을 승리로 이끌고 개선하는 길에 연작시 〈보출하문행(步出夏門行)〉을 씁니다. 그중 네 번째 시 〈구수수(龜雖壽)〉는 이렇게 시작합니다.

> "신령한 거북이가 비록 오래 산다 한들
> 언젠가는 죽을 날이 있고
> 전설의 이무기가 안개를 타고 올라가도 결국에는 흙먼지가 된다지만,
> 천리마가 늙어 마구간에 엎드려 있어도 뜻은 천 리를 달리듯
> 열사는 늙어서도 웅대한 뜻은 사라지지 않네."
>
> 조조(曹操), 〈보출하문행(步出夏門行)〉 중 〈귀수수(龜雖壽)〉

세상이 나를 저버릴 수 없으려면

관도대전 직후 원소가 병으로 죽자 잔여세력마저 손쉽게 정리한 조조는 북방의 오환烏桓까지 평정합니다. 돌아오면서 지은 시가 〈보출하문행步出夏門行_남문을 나서며 노래하다〉인데, 당시 그는 53세였습니다. 지

금도 적잖은 나이인데 50대 중반에도 세상을 바꾸겠다는 변함없는 의지가 엿보여 놀랐습니다. 다짐대로 조조는 열사로 삶을 마무리했습니다. 저는 당시의 조조보다 나이가 많습니다. 여전히 할 일이 남았다며 조직에 몸담고 있다고는 하지만 후배들의 길을 막는 것은 아닐까 하는 우려도 커지고 마지막 모습을 이제는 선택해야 하지 않나 조바심에 머리가 복잡합니다.

최근 거래처를 다니면 저보다는 후배와 의논하겠다는 반응이 많아졌습니다. 입사하면서 "내가 세상을 저버릴지언정 세상이 나를 저버리게는 않겠다."며 조조 흉내를 냈던 다짐을 어떻게 이룰지 더는 미룰 수 없게 된 것입니다. 뭐라도 시작해야 했습니다. 안 그러면 영영 다짐을 못 지킬 것 같아 멘토링을 시작했습니다. 격대교육隔代敎育 명문가에서 할아버지가 손자의 훈육을 담당했듯 처리할 일이 많은 팀장을 대신해 임원인 제가 업무에 미숙한 직원을 가르치는 것입니다. 영업 노하우도 전수하고 적응도 도울 겸 일주일에 한두 시간 정도 강의도 하고 책이나 자료도 함께 읽습니다. 성과를 말하기는 이르지만 직원 반응은 나쁘지 않습니다. 아버지는 돌아가실 때까지 제 애들에게까지 편지를 쓰셨습니다. 기대하고 하신 일은 아니었겠지만, 아이들은 편지를 보면서 할아버지를 추억합니다.

포전인옥 抛磚引玉
벽돌을 버리고 옥을 얻다

당나라 현종 때 조하(趙嘏)와 상건(常建)이라는 시인이 있습니다. 상건은 항상 자신이 조하보다 글재주가 부족하다고 생각해 조하의 시를 얻고자 했으나 마땅한 기회가 없었습니다. 그러다 조하가 소주(蘇州)에 나들이 간다는 소식을 듣고는 그의 글을 얻을 좋은 기회라 생각하고 그 역시 소주로 떠납니다. 상건은 조하가 소주에 오면 영암사(靈巖寺)에 들를 만하다고 생각해 담장에 자신의 미완성 시를 걸어놨습니다. 아니나 다를까 영암사에 온 조하는 누구의 시인지는 모르지만 참 좋은 시라며 대련(對聯)을 써 시를 완성합니다. 상건의 꾀가 통한 것입니다. 이를 본 사람들이 한결같이 앞 소절보다 뒷 소절이 뛰어나다며 이렇게 말합니다.

"상건이 벽돌을 버리고 옥을 얻었다."

송나라 진종 때 석도언(釋道彦),
《경덕 전등록(景德 傳燈錄_경덕(진종의 연호) 원년에 편찬된 1,700개 공안을 기록한 불교 서적)》

버리지 못하면서 얻을 것에만 골몰하면

중국 병법 삼십육계三十六計 중 17계이기도 합니다. 비슷한 것으로 유인해 어리석은 자를 치는 공전계攻戰計로 설명합니다. 바둑에서 마치 사석死石을 이용하는 것과 마찬가지입니다. 다른 입장도 생각해볼 수 있습니다. 상건의 입에서 이런 말을 했다면 그는 겸손한 사람입니다. 자신의 글이 부족함을 인정하고 조하의 글을 옥처럼 귀중한 것으로 평가했으니 말입니다. 기만전술이든 겸손의 표시든 버려야 얻을 수 있다는 뜻에는 변함이 없습니다. 하지만 우리는 이솝우화 속 "욕심많은 개"처럼 버리지 않고 얻을 생각만 하는 건 아닐까 답답할 때가 있습니다. 시간을 들였고 돈을 썼고 마음도 줬지만 고객의 마음을 돌리지 못할 때마다 포기하는 것이 너무 힘들었습니다. 하지만 포기하지 못했던 대가가 더 컸던 탓에 이제는 의미를 두지 않으려 합니다. 상대방의 의사가 없음을 확인하는 순간 머뭇거리다 다른 기회를 잃지는 말아야 했으니까요. 마치 돈이 아까워 상한 음식을 먹다가 병원에 가는 어리석은 짓을 더는 반복할 수 없습니다.

《버려야 얻는다》는 책에서 저자는 경제학의 매몰비용과 기회비용의 개념을 빌어 다음과 같이 설명합니다. "이미 들어간 비용을 생각하지 않고 지금 가장 나은 선택을 하는 것", 즉 "무언가를 포기하는 것이 아니라 지금 상황에서 더 좋은 다른 가능성을 선택하는 것이라는 마음가짐이 후회를 덜 하는 방법"이라고.

중류지주 中流砥柱
황하의 격류 가운데의 지주(砥柱)

지주(砥柱)는 황하강 가운데 있는 산입니다. 제(齊)나라 재상 안영(晏嬰)과 관련된 이도삼살사(二桃三殺士) 고사에도 등장합니다. 제나라 삼걸(三傑)이라 불리는 전개강(田開疆), 공손첩(公孫捷), 고야자(古冶子)가 임금의 총애를 받았지만 이들의 오만함을 지켜보던 안영은 삼걸을 멀리할 것을 건의합니다. 하지만 임금이 번번이 간언을 듣지 않자 안영이 꾀를 냅니다. 임금이 연회를 열 때 복숭아 두 개를 가져와 공이 있는 사람에게 나눠주면 어떻겠냐고 말합니다. 그러자 삼걸이 모두 자신의 공을 말합니다. 공손첩은 호랑이를 잡아 왕을 구했다고, 전개강은 군대를 이끌고 진나라를 물리쳤다며 복숭아를 하나씩 가져갑니다. 빈 접시를 보던 고야자가 황하에 빠진 임금의 수레를 지주에서 건진 자신은 두 사람보다 못하냐며 자결합니다. 이 말을 들은 두 용사 역시 부끄러워 뒤따라 자결합니다. 안영이 이런 말을 남겼습니다.

"그들은 모두 용감하지만 무모한 필부이고
이런 경솔한 무부(武夫)들은 아주 많습니다.
이런 몇이 없어진들 무슨 그리 대단할 일입니까?"

안영(晏嬰), 《안자춘추(晏子春秋)_안영 언행록》〈내 편 간하(內篇 諫下)〉

정직하고 꾸준하며 유연해야 의연해질 수 있다

황하의 지주砥柱는 단양의 도담삼봉島潭三峯처럼 강 한가운데 뛰어오른 돌산입니다. 흐르는 강물을 무심히 지켜보는 그 모습이 난세에도 절개를 지키는 의연한 모습으로 보이는 것은 예나 지금이 같은 듯합니다. 중류지주는 삼걸이 아니라 안영晏嬰이었음을 우리는 압니다. 삼걸이 자랑하는 무용담보다 안영의 결단이 더 큰 용기를 필요했다는 것도 압니다. 두 개 복숭아로 임금이 총애하는 삼걸을 죽이고서도 저리 당당하게 얘기하는 안영의 의연함은 어디서 나올까 고민했습니다.

영업은 결정의 연속입니다. 직위가 올라갈수록 결정의 압박감은 더 커졌기에 안영의 의연한 결단을 이해하고 싶었습니다. 옳은 것을 행하고 있다는 정직함이 의연함이 아닐까 생각했습니다. 그것만으로는 부족했습니다. 뿌리 깊은 나무는 바람에 안 흔들리는 것이 아니라 언제든 곧 제 자리로 돌아오는 꾸준함도 필요했습니다. 고층건물이 바람에 따라 흔들리도록 설계된 것도 강함이 유연함을 이기지 못하기에 그런 것이듯 의연함은 유연함도 갖춰야 하는 것이었습니다. 즉 의연함은 정직함과 꾸준함 그리고 유연함을 모두 갖춰야 얻을 수 있는 경지라고 결론 내렸습니다.

여조삭비 如鳥數飛
새가 반복하여 나는 것이다

《논어(論語)》는 20편으로 구성되어 있고 그 처음이 〈학이(學而)〉 편입니다. "學而時習之 不亦說乎(학이시습지 불역열호) 배우고 때때로 익히면 또한 기쁘지 아니한가."를 모르는 이는 거의 없습니다. 여기서 때때로 익힌다는 '시습(時習)'에 대한 주희(朱熹)의 설명입니다.

"습(習)이란 새가 반복하여 나는 것이다.
그러므로 배움을 꾸준히 하는 것을 새가 날갯짓을 하듯 하라."

주희(朱熹), 《논어집주(論語集註_논어에 대한 주희의 해석)》〈학이(學而)〉 편

날개가 있어도 날지 못하면 새라고 부를 수 있을까?

습習은 날개 우羽 흰 백白이 합쳐진 모습입니다. 하지만 갑골문자는 백白 아니라 해 일日이 그려져 있다고 합니다. 새의 날개가 하늘 위에 있다는 것이니 높게 나는 모습을 표현한 것이라 해석합니다. 하지만 주희는 하늘을 나는 새도 한 번의 날갯짓으로는 날 수 없듯이 배움은 꾸준히 반복되는 것임을 강조합니다. 배움은 모방에서 시작합니다. 아이들이 태

어나서는 부모의 행동을 따라 하고 자라면서는 선생님이나 선배들을 본받으면서 자신을 단련합니다. 그래서 맹모삼천지교孟母三遷之敎도 나왔으리라 생각합니다. 하지만 직장인이 되면 배움을 멈추는 이들이 많습니다. 더이상 배울 게 없어서가 아니라 더 배워서 무엇하냐는 생각이 그들의 배움을 막습니다.

설령 배운다 하더라도 너무 쉽게 배우려 합니다. 책을 다 읽기보다 요약본을 찾고 그것도 귀찮아 요약 영상을 보는 것으로 때웁니다. 고민거리는 핸드폰으로 바로 검색하니 궁금증은 풀릴지 모르겠지만 제대로 된 배움이 남기 어렵습니다. 고민 끝에 얻은 깨달음이라는 기쁨은 점점 사라져갑니다. 더욱이 AI가 모든 궁금증을 풀어줄 때쯤 생각하는 사람이 어리석은 사람으로 여겨질까 하는 두려움도 커갑니다. 닭처럼 날개를 가졌어도 날지 못하면 새라고 부르기 민망합니다. 배움을 멈추면 우리도 언젠가는 닭장에 갇힌 신세가 되는 것은 아닐까 걱정스럽습니다.

최초의 언어는 "엄마"

우리가 만난 최초의 언어는 아마도 "엄마" 아닐까요?

이 한 마디를 말하기 위해 우리의 엄마는 천 번도 넘게 나의 눈을 보며 "엄마"라 말하지 않았을까요?

그리하여 어느 날 "엄"이라고 옹알거리자 기뻐하는 엄마를 보며 기어이 "엄마"라는 말을 하게 되었을 것입니다.

배움의 첫 시작입니다.

세상의 모든 처음은 낯설고 흥미로웠을 것입니다.

눈동자는 초롱초롱, 생각은 반짝반짝.

오늘의 나를 만든 시간의 시작입니다.

어느 순간

익숙해진 나를 발견합니다.

어제와 다르지 않은 오늘, 그리고 내일도, 모레도

10년이 흐르고 20년이 흐르고

어느새 되돌아보기엔 아득한 세월의 주름이 삶 앞에 놓였다는 걸

깨닫는 순간 아차차!

살아간다는 건 단지 버티는 게 아니라

조금씩이라도 앞으로 나가야 한다는 것을

"엄마"가 보여주려던 세상이 아님을 왜 잊고 있었을까?

새가 반복하여 나는 것

習.

의 다른 이름

如鳥數飛

익숙한 것으로부터 해방은 새로움을 향한 끝없는

여조삭비

비로소 오늘과 다른 미래가 시작됩니다.

習(배울 습)

如(같을 여)

鳥(새 조)

數10(자주 삭)

飛(날 비)

---

10 숫자 數는 '자주'라는 뜻으로 쓰일 때는 '삭'으로 읽어야 함

학무상사 學無常師
배움에는 정해진 스승이 없다

위나라 대부 공손조(公孫朝)가 (같은 위나라 출신인) 자공에게 물었습니다. "공자는 누구에게 배웠습니까?" 그러자 자공이 "주(周) 문왕과 무왕의 도리는 아직 땅에 떨어지지 않아 사람들에게 (남아) 있다. 뛰어난 자는 그 큰 것을 기억해 알고 있고, 그보다 못한 자도 그 작은 것을 기억해 알고 있어 문왕과 무왕의 도리가 여전히 남아 있지 않음이 없다."며 이렇게 덧붙입니다.

"스승님께서는 어디서든 배우지 않으셨겠습니까?
또한 어찌 일정하게 정해진 스승이 계셨겠습니까?"

《논어(論語)》〈자장(子張_자하와 자공 등의 대화)〉편

세상에 대한 질문이 계속되는 한 배워야 합니다

어디서든 배울 수 있다는 생각은 갖고 있지만, 학교나 학원 같은 특정한 곳에서만 배우려 하는 게 일반적입니다. 또 배움은 연장자나 윗사람이 가르치는 것이라 단정합니다. 공자가 불치하문不恥下問, 아랫사람에게 묻는 걸 부끄러워하지 말라고 했지만 그건 아주 예외적인 상황으로만 이해합니다. 배움의 본질을 몰라서가 아니라 환상 때문입니다. 더 좋은

스승이 있고, 더 좋은 학습법이 있고, 더 좋은 환경이 있을 거라는 환상. 그건 환상이 아니라 엄연한 현실이라 생각하실 분이 많으실 겁니다. 대치동 학원이 좋은 대학을 가는 필수 코스이며 좋은 대학은 좋은 일자리를 담보하는 현실을 무시한 얘기라 생각하실 겁니다. 모두 맞는 말입니다. 제가 다르게 말하는 이유는 배움의 범위를 너무 좁혔기 때문에 미래까지로 넓히면 스승도 학원도 대학도 존재하지 않을 거라는 뜻입니다. 그러니 좋은 대학에 가고 좋은 직장을 얻는 과정에서만 배움이 일어난다 생각하지 마시라는 얘기입니다.

AI 시대 암기력이 더는 차별화되지 못합니다. 정답을 외워 높은 성적을 얻던 시대가 빠르게 저물고 있습니다. 각기 다른 삶의 기준을 가진 다양성의 사회에서 일렬로 줄 세우기는 불가능해집니다. 따라서 배움에 대한 본질을 다시 정의해야 합니다. 삶의 다양한 질문을 한 방에 해결해 줄 스승도 기관도 없다면, 어느 곳이든 어떤 사람이든 스승으로 삼아 질문에 대한 답을 구해야 한다는 뜻이 아닐까요?

옥하 玉瑕
옥에 티

밝은 달빛은 먼 곳을 볼 수 있게 하지만 잔글씨를 쓰기에는 어둡고, 짙은 안개가 낀 아침에는 잔글씨는 쓸 수 있지만 멀리 밖을 바라보는 것은 어렵습니다. 그림 그리는 자가 잔털 하나하나를 신경 쓰다가 형체를 잃고 활을 쏘는 자는 작은 것을 겨냥하다 큰 것을 놓치게 되니 모든 것은 상대적입니다. 쥐구멍을 막는다면서 마을 문을 허물고 작은 여드름을 짠다면서 오히려 종기를 나게 하는 것은 작은 흠을 굳이 없애려 힘쓰지 말고 있는 그대로 인정하는 것이 나은 경우입니다.

> "진주에 조그만 흠이 있고
> 옥에 티가 있는 것을 보고
> 그대로 두면 온전할 것을
> 그것을 없애려다 깨어버리는 것과 같다."
>
> 순경(荀卿), 《회남자(淮南子)》〈설림훈(說林訓_이야기 숲의 가르침)〉

장점이 뚜렷하면 단점이 있어도 쓸모가 있다

세상에 완전무결한 것은 없습니다. 어떤 사람도 결점이 없을 수 없습니다. 저도 못난이 과일처럼 핸디캡이 많습니다. 제주도 출신이고 장수생을 거쳐 겨우 대학생이 됐고 당시만 해도 3D업종이라 불리던 재개발 영업으로 직장생활을 시작했다는 점 등등 엘리트 코스에서 한참 벗어난 채 살았습니다. 제주도가 인기를 끌면서 고향에 땅이 있다는 소리에 친하게 지내자는 소리를 자주 듣고, 또래보다 두세 살 많아 자연스레 동기들의 리더 역할을 맡았고, 기피 대상 업무였지만 30여 년을 꾸준히 하니 전문가 소리를 듣게 됐습니다. 가리려 한다고 가려질 수 없고 가릴 필요도 없다고 생각하면서 뚜벅뚜벅 제 길을 걸었더니 핸디캡은 어느새 훈장이 됐습니다.

고교 시절 은사님으로부터 "단점을 고치기보다 장점을 키우는 게 더 효과적"이라는 조언을 들은 적이 있습니다. 저 역시 후배들에게 이렇게 조언합니다. "장점이 없는 사람은 단점이 없어도 매력이 없고 장점이 뚜렷한 사람은 단점이 있어도 쓸모가 있다." "조직에 필요한 사람은 후자일 수밖에 없다. 즉 지금은 장점을 극대화할 때이고 장점이 명확해진 뒤 단점을 고치는 전략이 합리적인 선택"이라는 말과 함께.

선난후획 先難後獲
어려움을 먼저 하고 이득은 뒤에 취하다

제자 번지(樊遲)가 (일의 이치를) 안다는 것이 뭐냐고 묻자 공자가 답합니다. "사람이 마땅히 해야 할 마땅함에 힘쓰고, 귀신은 공경하되 멀리하여 현혹되지 않는다면 일의 이치를 안다고 할 것이다." 그러자 번지가 이번에는 어짊에 관해 묻자 공자가 답합니다.

"어진 사람은
어려움을 먼저 하고 이득은 뒤로하니
이렇게 하면 어질다고 말할 수 있다."

《논어(論語)》〈옹야(雍也_옹(중궁)등 인물평)〉편

어려운 일을 받아들이면 어리석은가요?

모두에게 이익이 될 수 있다면 좋겠지만 대부분의 일은 누군가 이익을 보면 누군가는 피해를 봅니다. 그리고 어떤 일은 모두 피해를 보지만 조금이라도 덜 피해를 보는 것이 최선의 해결책인 경우도 있습니다. 2022년 1월 광주 화정동 아파트 붕괴사고가 그랬습니다. 출장을 갔다 돌아오는 기차에서 후배가 보내준 영상을 봤습니다. 처음에는 가짜 뉴스라 여겼습니다. 하지만 가짜 뉴스도 아닐뿐더러 제 회사가 사고를 냈다는 걸 깨닫는 데는 오래 걸리지 않았습니다. 회사 전체가 침묵에 빠졌습니다. TV를 틀면 사고화면이 계속 나오니. 모든 것이 끝났다 싶었습니다. 실종자 수색이 끝나고 사고 현장으로 가라는 명령을 받았습니다. 보상 협의 총괄이 제 임무였습니다. 왜 하필 나지? 하면서 부정도 했고 가지 않겠다고 버티라는 조언도 들었지만 이미 거절할 상황이 아니었습니다. 사고 현장으로 달려갔습니다. 그리고 10개월이 지나고 나서야 복귀할 수 있었습니다.

제가 한 일은 피해를 보상하는 것이 아니라 서로 조금이라도 피해를 덜 보려는 협의였습니다. 다소 불만족스러울 수 있지만 어쨌든 웃으며 마무리했습니다. 왜 그런 결정을 받아들였냐 물어올 때마다 싫든 좋든 그때까지 회사 덕에 먹고 살았으니 도리이다 싶었다고, 다음에도 같은 선택을 하겠다고도 말했습니다. 본사 복귀하고 저는 승진이라는 선물을 받았습니다. 승진을 위해 한 일이 아니었으나 그간의 수고로움을 그래도 알아줬구나 하는 뿌듯함은 아직도 남아 있습니다.

일발천균 一髮千鈞
한 가닥 머리카락에 매달린 천균(≒18ton)의 무게

한(漢) 경제(景帝) 시절에 매승(枚乘)이라는 학자가 있었습니다. 그는 한고조 유방의 조카인 오왕(吳王) 유비(劉鼻) 밑에서 벼슬을 지내고 있을 때 야심가인 유비가 모반을 꾀한다는 것을 알게 되자 목숨을 걸고 간언하기를,

> "만약 한 가닥의 머리카락에 천균 무게를 가진 것이
> 끝 모를 높은 곳에 매달려 있고
> 아래는 헤아릴 수 없는 깊은 연못에 늘어뜨려 놓으면
> 아무리 어리석어도 상황이 극히 위태로움을 압니다.
> 허공에 매단 것은 끊어지면 다시 잡아매기 어렵고
> 깊은 못에 떨어지면 다시는 꺼내기 어렵습니다."
>
> 반고(班固), 《한서(漢書)》〈매승(枚乘)전〉

이 두려움을 용기로 바꿀 수만 있다면

오왕 유비가 끝내 간언을 받아들이지 않자 매승은 더 이상 아무것도 할 수 없음을 깨닫자 오나라를 떠나 양나라에 귀순합니다. 우리가 흔히 "위기일발危機一髮"이라는 표현도 이 얘기에서 비롯된 것입니다. 저는 일

어나자마자 뉴스부터 챙겨봅니다. 간혹 뉴스를 보다 힘이 쭉 빠지는 경우가 있습니다. 상황을 바꾸기 위해 제가 할 수 있는 것이 아무것도 없다는 무력감 때문입니다.

홍보팀장 시절이었습니다. 기자실 TV 화면에서 세월호 사고가 중계되고 있었습니다. 처음에 전원구조라는 자막이 뜨길래 불행 중 다행이네 하며 해프닝으로 끝나겠구나 했습니다. 하지만 그 이후의 일은 말하지 않아도 아실 겁니다. 몇 시간 동안 화면을 지켜보면서도 그 무엇도 할 수 없다는 생각에 눈물이 멈추질 않았습니다. 매숭도 자신의 간언이 받아들여지지 않자 무력감에 빠졌을 것이고 결국 도피를 선택했을 것입니다. 하지만 모든 이들이 같은 선택을 하지는 않았습니다. 그 결과로 세상은 과거와는 다른 모습으로 변했고 지금도 변하고 있습니다. "이 두려움을 용기로 바꿀 수만 있다면" 영화 《명량》의 이순신(최민식 배우)의 대사처럼 두려움, 무력감을 용기로 바꾸려 했던 사람들 덕에 어제보다 나은 오늘이 된 것이라 믿습니다.

신신신야 의의역신
信信信也 疑疑亦信

믿을 것을 믿는 것이 믿음이며
의심할 것을 의심하는 것도 믿음

순자(荀子)는 〈비십이자(非十二子)〉 편에서 열두 명의 유세가를 비난합니다. 묵자(墨子)나 혜시(惠施)와 같은 다른 학파는 물론 자하, 자사, 맹자와 같은 유가 인물까지 포함해 비판합니다. 그러면서 "말은 많이하는데도 모두 다 이치에 맞으면 성인(聖人)이고, 말은 적은데 법도에 맞으면 군자(君子)이며, 많거나 적거나 무질서하다면 비록 말을 잘한다 해도 그는 소인(小人)"으로 정의합니다. 그는 믿음[信], 인(仁)함, 앎[知]에 대해서도 다음과 같이 정의합니다.

"믿을 수 있는 것을 믿는 것이 믿음이요
의심할 것을 의심하는 것 역시 믿음이다.
어진 이를 귀하게 여기는 것이 인(仁)함이요
어질지 못한 이를 천하게 여기는 것도 인함이다.
말하여 도리에 합당하면 앎[知]이고
침묵해서 마땅한 것도 역시 앎이다.
따라서 침묵을 아는 것은 말할 줄 아는 것과 같다."

《순자(荀子)》, 〈비십이자(非十二子_열두 명의 유세가를 비난하다)〉 편

말해야 한다는 강박에서 벗어나자

강사의 화려한 말솜씨에 연신 손뼉 치며 감탄했지만 끝나면 무슨 얘기를 들었는지 기억 못 하는 강연이 있습니다. 분명 몰입했고 수긍도 했는데 왜 기억에 남지 않을까를 생각해 본 적이 있습니다. 강연 전체를 관통하는 메시지가 없이 그저 개그 프로그램처럼 순간의 재미만 있었다는 공통점을 발견했습니다. 말의 힘은 기술이 아님을 새삼스럽게 떠올렸습니다. 그래서 강연이나 교육할 때면 늘 조심스럽습니다. 올바른 신념이고 존중받아 마땅한 가치가 희생과 같은 본보기를 통해 드러날 때 말의 힘은 생깁니다. 따라서 말을 잘하기에 앞서 말할만한 사람이 말하는 것은 반드시 검증을 거쳐야 한다고 생각합니다.

"인간은 경솔한 신념의 동물이다. 반드시 무언가를 믿어야만 한다. 만약 신념에 대한 좋은 토대가 없을 때는 나쁜 것이라도 일단 믿어야만 만족할 것이다"라는 버트런드 러셀Bertrand Russell의 말처럼 경솔한 신념, 자신이 속한 집단의 다수가 옳다고 생각하면 진실과 거짓을 가려내지 못하고 믿고 따랐으며 떠들던 적이 많았습니다. 무리에서 소외된다는 공포가 침묵 대신 거짓이라고 떠들게 했던 것입니다. 말을 통해 통제할 수 있다는 믿음이 착각이었음을 깨달으니 "정말 내 판단이 맞는 것일까? 정말 진실만을 말하고 있나?"를 묻게 되고 점차 "말해야 한다는 강박으로부터 벗어나자."라는 답을 얻게 됩니다.

아버지를 닮고 싶은 아들이고 보니

제가 다니던 대학교에는 '휴머니스트Humanist'라는 동아리가 있었습니다. (여전히 활동하고 있는지는 모릅니다) 멋진 이름과 달리 열혈 운동권 동아리였지요. 이름에 이끌려 동아리방을 기웃거리곤 했습니다. 끝내 용기가 부족해 가입은 안 했지만, 간혹 선배들이 어떤 사람으로 살고 싶냐고 물으면 주저 없이 휴머니스트로 살겠다고 말했습니다. 직장생활을 시작하고서도 마찬가지였습니다. IMF를 겪으면서 정리해고가 일상화되자 노조를 만들어야 한다는 선배들이 계셨습니다. 동절기 교육으로 영업직원들이 한자리에 모이자 노조의 필요성을 호소하면서 노조 가입을 부탁했습니다. 주저 없이 가입원서를 작성해 제출했습니다. 그리고 며칠 지나지 않아 집요하게 노조 탈퇴를 강요받았습니다. 임원 방에 불려가고 어떤 날은 소장에게 불려가면서도 저는 결심을 바꾸지 않았습니다. 회사의 바람대로 노조는 구성요건을 채우지 못해 결성되지 못했습니다. 끝까지 탈퇴를 거부한 저를 포함한 몇은 요주의인물로 낙인찍혔습니다. 당시 팀장이었던 J이사님도 마찬가지였습니다. 회식 자리에서 왜 끝까지 버텼냐며 핀잔을 주시니 점점 반감만 커졌습니다. 노조 사태가 일단락되고 몇 개월이 흐른 뒤 보고서 결재 때문에 팀장님 자리로 갔습니다. 차분하게 "A는 B이고, B는 C니 A는 C입니다."라고 말씀드렸더니 알겠다며 "A는 D라는 거지."라고 말씀하셨습니다. "그게 아니라 A는 C지 D가 아닙니다."라며 몇 차례 반복하다보니 목소리가 높아졌습니다. 묵은 감정이 도화선이 됐습니다. 그렇게 옥신각신하는 걸 옆에서 지켜보던 과장님이 이사님한테 무슨 말버릇이냐고 강하게 제지하셨고 저는 분을 삭이지 못해 그냥 자리를 떴습니다. 그 뒤로는 더 서먹서먹해진 채 지내다 이사님은 퇴직하셨고 저는 그다음 해 대리 진급이 누락 됐습니다. 2~3년 후 인사팀으로 자리를 옮겼고 인사기록카드를 관리하게 됐습니다.(당시는 전산으로 처리되기 이전이라 작성된 서류를 따로 보관했음) 사무환경 점검이 가까워지자 문서정리를 하러 서고에 들렀다가 제 인사기록카드를 몰래 보게 됐습니다. 상사들은 어떻게 평가했을까 궁금했는데 다른 팀장들은 다 "중中"으로 평가했는데 J모 이사만 "중상中上"으로 평가한 것을 보고 아차 싶었습니다. 그리고 "의욕이 넘치고 열정적"이라는 자필로 쓴 평까지 읽으니 너무 부끄러웠습니다. 제게 나쁜 감정을 갖고 낮은 평가를 해서 대리 진급이 누락 됐다고 믿었으니 얼마나 어리석었는지 지금이라도 만나 뵐 수 있다면 진심으로 사과드리고 싶습니다.

    반대의 경우도 있습니다. 인사팀에서 다시 영업으로 복귀해 5년이 흐르고 번-아웃 상태까지 몰리자 부서를 옮기고 싶다고 팀장님에게 요청했습니다. 아쉽기는 하지만 그러겠다 하는 약속을 받고 휴가를 다녀오면 조치 됐겠거니 하며 고향을 다녀왔습니다. 하지만 복귀했더니 상황이 180° 달라져 있었습니다. 절대로 다른 팀으로 못 보낸다며 입장을 번복한 팀장님께 이유라도 알려달라고 했습니다. 표면적으로는 L선배가 갑자기 퇴사해서 커진 업무 공백이라고 말했습니다. 하지만 얼굴은 뭔가 다른 이유가 있음을 알려주고 있었습니다. 퇴근 무렵 다시 찾아가 솔직히 말씀해 주시길 부탁했습니다. 머뭇거리던 팀장님 입에서 "네가 나가면 밖에서 우리 팀을 괴롭힐 거라며 상무님도 반대다."는 소리를 듣고는 소스라치게 놀랐습니다. 왜 그렇게 판단하시느냐 따지자 "L선배가 퇴사하면서 상무님께 지금까지 저를 내보내면 큰일 낼 놈이라는 험담"까지 늘어놨다는 소리에 맥이 풀렸습니다. 막역했던 L선배가 퇴사하면서 그런 소리를 했을 리 만무하다는 제게 상무님께 직접 들은 얘기니 확인해도 된다는 소리에 다음 날 상무님과 면담을 신청했습니다. 다행히 불편한 면담이었지만 허락해준 상무님은 제게 L선배에게 들은 얘기들을 차분하게 해주셨습니다. 듣고 있노라니 기가 막혔습니다. 자신의 부적절한 처신을 모두 제가 한 것으로 보고드렸던 것입니다. 가슴에 돌덩이가 들어앉은 것처럼 답답했습니다. 억울함을 풀지 않으면 못 견딜 것 같아 그간 말하지 않았던 진실을 모두 털어놨습니다. 생각해보겠노라며 대화를 마친 상무님은 며칠 후 부서이동을 허락해주셨습니다. 그 일을 겪은 뒤 사람에 대한 제 생각은 뿌리부터 흔들렸습니다. 어디까지 믿어야 하고 어디까지 의심해야 하는지 모든 게 혼란스러웠습니다. 답을 못 찾으면 죽을 것 같았습니다. 입사하고 처음으로 100여 일을 술도 안 마셨고 사람도 거의 만나지 않은 채 고민을 거듭했습니다. 한참 아빠 손길이 필요한 어린 두 아이를 아내에게 맡기는 게 미안했지만 혼자 여행을 떠나기도 했습니다. 아무 계획이 없던 터라 즉흥적으로 목적지를 정해 기차를 탔고 내려선 숙소를 찾을 때까지 무작정 걸었습니다. 화두話頭를 든 수행자처럼 걸으면서 사람에 대해 고민했습니다. 뾰족한 답을 찾을 수 없었습니다. 보름이 다 지나갈 즈음 고향에 들렀습니다. 불쑥 나타난 저를 보고 놀라시면서도 아버지는 말없이 막걸리부터 권했습니다. 당분간 술을 안 마신다며 사양하자 그제야 무슨 고민이 있냐며 말문을 떼셨습니다. 별일 없고 그냥 부모님 뵈러 왔다며 둘러댔더니 어색한 침묵이 흘렀습니다. 잠시 뒤 아버지는 대뜸 사람 인人자를 써보라며 왜 이렇게 만든 줄 아느냐고 물으셨습니다. 잘 모르겠다고 하자 과수원에 심은 어린 귤나무를 가리키시며 부목副木과 닮지 않았느냐고 하셨습니다. 고개를 끄덕이자 사람은 서로 기대며 사는 거라며 기왕이면 기대는 사람이 아니라 기댈 수 있는 사람으로 사는 게 더 낫지 않겠냐는 말씀만 주셨지 더는 묻지 않으셨습니다. 집에서 자고 다음 날 가라는 부모님을 뿌리치고 친구들과 함께 온 거라 제주시로 돌아가야 한다고 거짓말을 하고 고향 집을 나섰습니다. 눈물이 흘렀습니다. 버스 안에서도 멈추지 않았습니다. 평생 자식들이 기댈 수 있게 먹을 것 안 먹고 입을 것 안 입으시며 여행 한 번 제대로 가시지 않으셨던 부모님께 미안했고 고마웠습니다. 제 고민을 짐작하셨으면서도 굳이 묻지 않았던 건 언제건 돌아오면 다 받아주겠노라는 믿음의 표시였음을 알기에 아버지처럼은 못 살아도 적어도 먹칠은 하지 않아야겠다며 서울로 돌아왔습니다. 기대며 살지 않겠다고 마음먹으니 더는 L선배에게 배신당했다는 감정도 결국은 L선배 덕을 보려던 마음에서 시작된 것이라고 인정할 수 있었고, 이제는 그런 마음조차 낼 필요가 없다고 생각하자 점차 가슴의 응어리도 풀렸습니다.

몇 년이 흐르고 갑자기 홍보팀장으로 발령이 났습니다. 기쁜 마음에 시골에 전화를 넣어 이 사실을 알렸습니다. 그런데 제 얘기를 듣고 계시던 아버지가 정기 인사는 아닌 것 같다며 경위를 물으셨습니다. 전임 팀장이 직위 해제되면서 갑작스레 발탁된 거라 동기 중 처음이고 선배들도 제친 거라며 자랑을 늘어놓자 주말에 고향에 내려올 수 있는지를 물으셨고 내려가겠다고 하자 "우리 아들 참 힘들겠네. 자세한 얘기는 내려오면 하자."는 말을 남기고 전화를 끊었습니다. 어리둥절했습니다. 당연히 기뻐하실 줄 생각했지만 도리어 걱정하시다니 이해할 수 없었습니다. 주말에 고향에 내려가니 큰형님도 내려와 계셨습니다. 술상이 차려지고 몇 잔을 마신 후 아버지는 어떻게 팀장이 됐는지 다시 물으셨습니다. 아마도 이만저만해서 된 것 같다고 하자 또 입을 다무시더니 말없이 두어 잔을 들이켜신 후에야 말문을 여셨습니다. "내가 왜 힘들겠다고 얘기한 것 같냐?" "……" "이제부터 너는 엄청난 시기와 질투를 받게 될 거다. 전임자가 잘돼서 물려준 게 아니니 너도 원망의 대상이 될 거고, 동기는 물론이고 선배보다 빨리 보직을 맡았으니 고운 시선으로 널 보지 않을 거다. 그래서 힘들 거라고 말한 것". 한 번도 생각해 본 적 없는 이야기에 애꿎은 소주만 마셨습니다. 그러면서 "이럴 때일수록 겸손해야 한다."는 말씀을 덧붙이셨습니다. 그 뒤로 아버지는 말씀이 없으셨고 큰형님께서 어떻게 겸손해야 하는지 방법을 말하기 시작했습니다. "우선은 인사부터 잘해라. 경비아저씨나 청소 아줌마를 봐도 꼭 인사해야 하고 예전보다 더 깊이 고개 숙여라. 고마운 사람들에게는 하다못해 양말 선물이라도 꼭 해라." 등등 많은 얘기를 해주셨습니다. 맞는 말이기는 했지만 저는 다르다고 생각했습니다. 제 노력으로 얻은 자리니 올라

갈 일만 남았다 생각하면서도 겸손한 사람이 되면 금상첨화라는 생각에 예전보다 훨씬 더 인사를 했습니다. 그러다 다음 해 겨울 정기 인사에서 팀장에서 미끄러지자 말들이 많아졌습니다. 아버지의 걱정대로 "저럴 줄 알았다." "누구 빽이 사라졌으니 당연한 것"이라며 그간 못 들었던 제 험담이 쏟아졌습니다. 저를 향해 거친 말을 내뱉는 사람에 대해 복수하고 싶었습니다. 그런데 한 편으로는 제게 다시 기회가 있을 거라며 토닥여주는 사람도 있었습니다. 한직으로 밀려난 선배들이었습니다. 너는 겸손하니 지금의 오해도 시간이 가면 다 풀릴 거라며 함께 일하자는 제안을 해주셨습니다. 그리고 7년 뒤 저는 다시 팀장이 되었고 연이어 임원으로 승진했으니 선배들의 예언(?)이 현실이 된 셈입니다. 만약 아버지와 형의 조언대로 겸손하게 처신하지 않았다면 이런 기회조차 없었을 것이란 생각에 어떤 사람으로 살지 다시금 생각했습니다.

그러던 아버지가 2018년에 돌아가셨습니다. 매는 고사하고 큰 소리로 호통치신 적도 거의 없던 아버지가 쓰러지신 지 3일 만에 돌아가셨으니 태산이 무너지는 것 같았습니다. 친지들의 도움으로 장례절차는 차질없이 진행할 수 있었습니다. 빈소에서 조문객을 맞으면서 아버지에 대해 아니 사람됨에 대해 다시 한번 생각하게 됐습니다. 교육자로서 47년을 사셨기에 조문객 중에는 선생님들이 많으셨습니다. 퇴직을 하신 지 20여 년이 흘렀는데도 많은 손님이 오셔서 먼저 놀랐고, 거동이 불편하셔서 지팡이를 짚거나 휠체어를 타고서라도 조문 오시는 아버님 지인 중에는 영정 앞에 술 한 잔 올리기를 청하시는 분이 많았습니다. 그리고 영정 앞에서 "아이고 이 사람아 이제 자네가 없으니 나는 누구와 벗하며 살겠는가?"라는 탄식에 더 놀랐습니다. 아버지는 제 예상보다 훨씬 인간미가 넘치시는 분이었습니다. 자기주장만을 앞세우지 않고 먼저 묻고 대답하기를 기다려주는 말벗이었고 고민을 늘어놓는 후배들에게는 진지하게 해결방안을 같이 고민해주는 든든한 선배였으며 항상 말보다는 행동으로 진심을 드러내는 스승이었습니다. 물론 그전에도 아버지를 존경했지만, 아버지를 떠난 보낸 후 더 큰 존경심을 갖게 됐고 카톡 프로필에 남겨둔 아버지 얼굴을 볼 때마다 부끄럽게 살지 않겠다고 다짐하게 됩니다.

제 개인사로 말이 길어졌습니다. 우리는 사람들과 더불어 살 수밖에 없도록 진화했습니다. 당연히 희노애락애오욕喜怒哀樂愛惡慾을 느끼며 살 수밖에 없습니다. 특히 영업은 사람을 만나는 일이니 사람에 대한 질문을 더 많이 던졌습니다. 진의를 오해하기도 했고 믿음을 배신당했고 그러면서도 결국은 사람을 믿고 의지해야 한다는 사실을 뼈에 새기게 됐습니다. 제가 만났던 사람은 모두 거울이었습니다. 비겁하다고 느낀 것은 제 안의 비겁이 떠올랐기 때문이고, 속 좁다는 느낌은 제게 여유가 없음을 드러내는 것이었습니다. 승진과 포상을 받은 동료들에게 입으로는 축하한다면서 속으로는 질투했고 낙담한 이에게 건넨 위로는 내가 아니라서 다행이라는 가식이었습니다. 그 모든 것이 저라는 사람의 본모습임을 이제는 드러내고 살아보려 합니다.

영업을 통해 사람을 배웠습니다. 속이고 속았지만 결국은 돌고 돌아진실과 마주하게 됐습니다. 정직이 가장 현명한 방법이며 말보다는 침묵이 더 강한 무기이고 사람은 도구가 아닌 존재 자체로 존중받아야 한다는 것 모두 영업쟁이로 살면서 확인했습니다. 넘어지고 다시 일어서기를 반복하면서 상처는 아물었지만, 흉터가 남듯 30년 영업이 남긴 것은 제게 사람답게 살아가는 것에 대한 진지한 물음과 그 답이었습니다. "사람 냄새 나는 놈"이라는 평가는 제게 최고의 찬사이며 앞으로 그렇게 살겠노라는 목표입니다.

목불견첩 目不見睫
자신의 눈썹은 볼 수 없다

초나라 장왕(莊王)이 월나라를 정벌하려 했습니다. 장자(莊子)가 장왕에게 이유를 물었습니다. 그러자 월나라가 국정이 문란하고 군사력이 약해졌기 때문이라고 답하자 초나라도 월나라와 사정이 크게 다르지 않다고 하면서 수백 리에 걸쳐 국경을 맞대고 있는 주변 강대국인 진(晉)이나 진(秦)에게 침략당할 수 있으니 정벌을 멈출 것을 권하며 이렇게 말합니다.

> "지혜란 눈과 같은 것이라 생각합니다.
> 눈은 백 보 앞도 볼 수 있지만,
> 자신의 눈썹은 볼 수 없습니다.
> 가까운 일을 보지 못함이 아닌지 우려스럽습니다."
>
> 《한비자(韓非子)》,〈유로(喩老_ 노자에 비유하다)〉편

꿩이 머리만 수풀에 처박는 이유를 아십니까?

어릴 적 겨울에 시골집에선 할아버지가 잡아 오신 야생 꿩으로 엿을 만들곤 했습니다. 꿩을 어떻게 잡았는지 여쭤보면 날다가 지친 꿩은 눈 덮인 수풀 더미에 머리만 처박고 다 숨었다고 생각하니 가서 잡아채면 된다는 말에 설마 하면서도 간만에 맛난 엿을 먹을 생각에 더는 따지지

않고 넘겼습니다. 그러다 2010년인가 《교수신문》에서 그 해를 대표하는 사자성어로 '장두노미藏頭露尾'를 꼽았다는 기사를 읽다가 할아버지 말이 사실이었다는 걸 알게 됐습니다. 꿩이나 타조의 머리만 숨기려는 습성은 생존에 전혀 도움이 되지 못할 것 같은데 왜 그렇게 진화했을까? 궁금했습니다. 어리석어 진즉에 멸종됐을 터인데 아직도 생존한 다른 이유가 있을 것 같아 찾아보니 땅속에 머리를 박게 될 경우 멀리 있는 소리도 훨씬 잘 들리게 된다고 합니다. 즉 날지 못하는 타조나 나는 것에 서툰 꿩 입장에서는 훨씬 유의미하고 가치 있는 행동이라는 설명을 읽고서 무릎을 쳤습니다. 꿩이 바보여서가 아니라 그런 습성을 파악한 인간의 사냥 기술이 한 수 위였을 뿐입니다.

    육안으로는 백 보 앞도 볼 수 있다지만 망원경으로 더 멀리 보는 이를 당해낼 수 없습니다. 사각지대에 있어 보지 못하는 자기 눈썹도 거울을 통하면 실체를 확인할 수 있습니다. 인간은 자신의 한계에 머물지 않고 극복할 수 있는 방법을 찾았기에 최상위 포식자가 됐습니다. 부족하다 좌절하지 않고 극복할 방법을 찾는 것. 이것이 우리의 일입니다.

에 필로그

책에 담지 못한 이야기,
책읽기와 글쓰기

제 글쓰기는 우연히 시작됐습니다

마흔넷, 적지 않은 나이였지만 처음으로 팀장 보직을 맡게 됐습니다. 고집스런 성격이라 주변과 적당히 타협하며 지내면 안 되냐는 선배들의 권유(?)를 귓등으로 흘려들으며 조직 생활을 하던 터라 보직은 언감생심이라 생각하며 지내던 때였습니다. 그래도 맡게 된 거 제대로 해보겠다고 다짐했습니다. 제게 첫 임무가 주어졌습니다. "사내 게시판을 활성화하라." 팀원들과 방법을 고민하다 각자 주제를 정해 글을 써 게시판에 올려보는 게 어떻겠냐는 제안을 했고 저 역시 한 꼭지를 맡아 쓰기로 하면서 제 글쓰기는 시작됐습니다.

맛집 소개, 영화나 책 감상문 등 다양한 주제를 말했지만 저는 사자성어라는 조금은 진부한 주제를 선택했습니다. 그 무렵 故 신영복 선생의 《강의: 나의 동양고전 독법》, 《담론》 등을 읽으면서 어렵다는 생각에 피했던 고전을 이렇게까지 쉽게 풀어낼 수 있을까 하며 감동받고 있었기 때문입니다. 말도 안 되는 소리지만 (엄청난 내공의 차이를 극복할 수 없으므로) 선생의 글쓰기라도 따라 해보고 싶었습니다. 그렇게 고사성어의 유래와 해석을 적고 현실에 빗댄 제 생각을 쓰면서 제가 더디지만 조금씩 성장한다는 느낌을 받으니 글쓰기를 멈출 수 없었습니다. 《허생전》에서 허생이 10년 글 읽기를 목표했듯 저는 최소 10년의 글쓰기를 다짐했습니다. 그렇게 시작된 글쓰기는 주말이면 책상에 앉아 두어 편의 글을 썼고 일 년에 100여 편, 10년이 되어 1,000편의 글이 쌓였습니다.

**늦었지만 지금이라도 책에 도전한 것은
아버지와의 약속 때문입니다**

47년을 교직에 몸담으셨던 어버지는 정년퇴직 후 여행과 독서로 소일거리 삼으셨지만 늘 뭔가 공허하다는 말씀을 자주하셨습니다. 어느 날 상경한 아버지께 《안씨가훈顔氏家訓》이란 책의 일독을 권하며 자손들을 위한 훈육서를 한번 써 보시면 어떻겠냐며 권했던 적이 있습니다. 너털웃음을 지으시며 알았다고 하실 때만 해도 정말로 하실 줄은 꿈에도 몰랐습니다. 아버지는 팔순을 넘기고 처음 맞던 해(2015년) 설에 가족 모두 앞에서 한 꾸러미의 책을 꺼내셨습니다. 《보경여록寶瓊餘錄》. 교직 생활 틈틈이 기고했던 글을 추렸고, 집안 내력 그리고 조부모님과 어머니 그리고 자식들에 대한 소회를 담담히 적었던 글로 책을 펴낸 겁니다. (그날 제게 "약속 지켰다." 하시던 아버지의 얼굴을 잊을 수 없습니다.) 마침 초등학생이었던 제 아들이 앞장에 자신의 이름이 적힌 책을 받자 자신에 대한 글은 어딨냐며 할아버지를 졸랐습니다. 대학생이거나 중·고등학교 학생이었던 조카들은 편지와 답장으로 소회를 표현했다면 제 아들에 대한 소회는 아버지의 일기였습니다. "막내가 막내를 낳았다. 이제는 당분간은 이런 기쁨을 누릴 수 없음이 아쉽기도 하지만 남들은 쉽게 누리지 못할 호사를 누리고 있다는 사실에 감격스럽다…" 아들 녀석이 책에 자기 얘기도 있다고 소리치며 좋아하니 모든 식구가 한바탕 웃으며 아버지께 감사드렸습니다.

저 역시 서른이 될 때까지 아버지께 편지를 받았던 터라 글이 어떤 감동과 여운을 주는지 잘 알고 있기에 아버지께 저도 이제 막 글쓰기를 시작했노라며 생전에 제 책을 꼭 보여드리겠다며 호기롭게 약속했습니다. 그러나 바쁘다는 핑계로 차일피일 글쓰기를 미루는 사이에 아버지는 세상을 떠나셨습니다. 벌써 7년이 지났습니다. 후회스러웠지만 약속을 못 지키는 것이 더 부끄러웠기 때문에 직장 생활을 마무리하기 전 지금이라도 약속을 지키는 것이 도리라 생각해서 용기를 냈습니다.

제 글쓰기도 제 삶만큼 변화무쌍했습니다

글쓰기를 시작했을 무렵만 해도 늘 자신감이 넘쳤습니다. 아니 지나칠 정도였습니다. 옳다고 생각하는 것에는 주저하지 않았고 인성은 모르겠지만 실력 하나만은 최고라는 소리를 듣던 시절이라 누구보다 빠른 진급과 선배까지 제치고 최연소 보직자가 되는 행운을 누렸습니다. 하지만 화무십일홍花無十日紅, 열흘 붉은 꽃이 없다는 말처럼 2년 만에 홍보팀장직을 내려놔야 했습니다. 그 후 7년이 지나서야 다시 팀장 보직을 맡을 수 있었습니다. 팀장에서 내려온 처음 몇 해 동안은 유난히 실패를 많이 겪었고, 의지했던 사람들이 하나둘 등을 돌릴 때마다 자신감은 열패감으로 바뀌었습니다. 신중해진 게 아니라 또 실패할까 봐 머뭇거리는 일이 많아졌습니다. 그제야 뭔가 잘못되고 있음을 직감했습니다. 고민이 많아지면서 자연스레 글쓰기도 달라지고 있었습니다. 교만하고 화려하게 치장만 하려던 글에서 거품이 빠지기 시작한 시기였습니다.

자랑이 아니라 반성하고 사과하는 내용이 주를 이루기 시작했습니다. 날카롭던 문장이 두루뭉술해지고 말을 많이 해야겠다는 강박에서도 조금씩 벗어날 수 있었습니다. 그러자 게시판에 올린 제 글에 댓글이 달리기 시작했습니다. "좋은 글 올려주셔서 감사하다." "무심코 쓰던 고사성어였는데 그런 유래였는지 몰랐다가 이번에 알게 됐다." 등 생면부지 현장 직원의 응원 댓글은 제게 큰 힘이 됐습니다. 7년 만에 팀장으로 복귀하고 그다음 해에는 당시로서는 최고령 신임 임원이 되는 영광도 누렸습니다. 모두 글쓰기의 힘이라 믿습니다. 일기를 쓰듯 혹은 반성문을 쓰듯 주말이 되면 책상에 앉아 두 편의 글을 꾸준히 썼습니다. 하지만 글의 내용은 너무나 많이 달라졌습니다.

훈계라는 이름으로 무심코 던진 말들이
누군가에게는 비수처럼 꽂혔을 것입니다

좋은 의도로 시작했다고 해도 모두 좋은 결말로 귀결되는 것은 아닙니다. 글을 쓰면서 가장 많이 느낀 점입니다. 쓰면 쓸수록 모르는 것이 아는 것보다 훨씬 많고, 진실이라고 믿고 있는 것도 늘 옳을 수만은 없음도 받아들이게 됐습니다. 비록 제 잘못을 인정하는 데는 오랜 시간이 걸렸고, 중요한 부분을 못 본 채 곁가지만 가지고 판단했다는 사실에 부끄러워하면서 더욱 글쓰기에 매달렸습니다. 깨달았다는 자랑이 아니라 더 고치고 또 고치겠다는 다짐을 이어가고 싶었기 때문입니다. 처음에는 책을 내려는 욕심에 시작한 글쓰기가 이제는 이렇게 변했습니다.

앞으로 제 삶 역시 우당탕 참 번잡스럽게 살아가지 않을까 싶습니다. 그래도 제게는 글쓰기와 고전이라는 좋은 벗이 있어 외롭거나 힘들지만은 않을 것 같습니다. 책 속에 길이 있다는 말은 거짓이면서 사실이었습니다. 지름길을 알려주지는 않았지만 막다른 길은 보여줬기 때문입니다. 더불어 글쓰기는 살아갈 수 있는 힘을 줬습니다. 가끔 꺼내 본 일기장이나 오래된 편지를 읽으면서 시공을 초월할 수 있었기 때문입니다. 지금도 늦지 않았습니다. 여러분도 책읽기와 글쓰기의 맛을 맛보며 품위 있게 삶을 살아가시길 소망합니다.